創見文化，智慧的銳眼
www.book4u.com.tw　　www.silkbook.com

老闆到底要什麼

WHAT DO BOSSES WANT?

獵頭人資主管首度公開求職者的 錄取祕辛

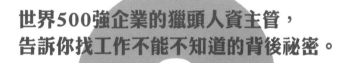

世界500強企業的獵頭人資主管，
告訴你找工作不能不知道的背後祕密。

資深專業獵頭顧問
林徐秀清
Stella Lin

/著

我應・我要・我是

本書作者的初心是真誠的：幫助那些剛剛走出校園的學生。我們的教育天馬行空，喜歡陽春白雪，一遇到落地的事就犯難。幸好有秀清這樣的「過來人」，板著指頭告訴「未來人」那裡有個溝，需要一個怎樣的踏板；那裡有條河，要小心下邊的潛流；那裡有座高峰，需要護膝和柺杖……

秀清的心熱得發燙。她系統化地總結了自己的前半生、與好友及成功者的體驗，一無保留，都收錄在此書了。捧起這樣的書，要有點敬畏心。敬畏心可以讓一個人走得很遠。

尼采說，人的精神有三種境界：分別是駱駝、獅子和嬰兒。駱駝，忍辱負重，被動地聽命於別人或命運的安排，「我應」是它的旋律；獅子，化被動為主動，由「我應該」到「我要」，一切由我主動爭取，負起人生責任；而嬰兒，是一種「我是」的狀態，活在當下，享受現在的一切。

「我應，我要，我是」，精神成長需經歷三個階段的命題是有意義的。「我應」指人的慈悲心與敬畏心的塑造，尊道貴德，守住基本倫常；「我要」指多樣化的衝動與夢想，是一種責任和擔當，做一個與眾不同的自己；「我是」，指一種歸根覆命，去找到原初的鮮活本我，從那裡自發自動。

你是自己的標準。一個人一生唯一重要的天職，就是找到自己的天賦與定位，並堅守一生，全心全意，抱一成天下式，成為獨一無二的自己。否則，隨波逐流是對生命的逃避。此時，小人的道德就會成為標準，懦弱和恐懼會毀了一生。

沒有人可以告訴你「我是」，只有他自己的天賦與良知可以告訴他什麼才是「我是」。樹枝搖動樹枝，靈魂喚醒靈魂，唯有用過來人有靈魂的「我是」去喚醒未來人的「我是」。一切教育的最終目的，都是要喚醒未來人的生命感和價值觀，將他們的創造力誘發出來！

秀清的這本書，正在用「過來人」的靈魂喚醒「未來人」的靈魂。

是為序。

——著名管理專家／商業評論家 **王育琨**

原國務院發展研究中心研究員、世界銀行顧問、美國福特基金會中國城市發展與管理專案負責人，曾任知名集團公司副總裁；現為經理人商學院院長、首鋼發展院企業研究所所長，中國併購業公會學術委員。著有：《答案永遠在現場》、《商業領袖底蘊》、《企業的山脈》、《垂直攀登》、《強者：企業家的夢想與癡醉》、《全球化之舞》等。

推薦序二　比別人多付出5%的努力

　　認識秀清是在她上大學的時候。畢業後，她在跨國公司的事業扶搖直上，幾乎沒有停下來的時候。秀清的事業從新加坡起步，橫跨了美國、中國的金融界與諮詢界，以及非營利機構。在這幾十年裡，她從不同的地理環境與獨特的中西企業文化當中所累積的經驗，在亞太平洋區的管理層中是相當稀有的。

　　秀清喜歡交朋友，她平易近人的個性，童稚般的好奇心，更擴大了她的視野與接觸面。在她的生活圈裡，自然有社會、企業精英，也有不少文化人、音樂家、學者和慈善工作者。除了她不可多得的經驗之外，秀清也透過了不同的平臺與思想，進行觀察與訪談，以及資料的分析，終於寫下了「老闆到底要什麼？」這本對年輕人極有幫助的書。書中體現出你無法忽視的宏觀大趨勢，也有從個人出發，說明如何發揮個人長處的細節與願景。當秀清與我談起此書的概念與結構時，我已經相當肯定她知道「老闆要什麼」！

　　我們都知道今日的世界充滿了競爭，整個大中華區更是如此。舉例來說，在一個每年至少都有六百萬大學畢業生的中國，在一個大學畢業生的就業一年比一年困難的大環境裡，你該如何面對激烈的競爭？又如何在這樣的環境中脫穎而出？

　　80後出生的老闆——泡泡網（pcpop.com是中國領先的數碼和消費電子網站）的CEO李想有個定律，他說：「如果一件事情你比別人多付出5%的努力，就可能拿到比別人多200%的回報。」

　　閱讀秀清的這本「老闆到底要什麼？」，就是這5%的努力。

　　是為序。

——浩華國際人力諮詢集團（www.sesasia.com）主席／董事經理　李曉原

原來老闆要的是這個

　　老友秀清從新加坡轉居美國多年,在家庭、事業、子女教育、個人興趣、身心靈修持等各方面都十分傑出與成功。2004年移居北京後,仍然在事業與公益方面奮進不懈,一轉眼近十年,成就當然也更上一層樓!

　　為了讓這些年來在人資管理與獵才領域的經驗得以傳承,尤其是對年輕人的謀職有所幫助,秀清一方面發心寫書,剖析老闆們的心態,同時也到各地巡迴演講,期望透過文字和語言與有緣人分享進入職場必備的條件與態度;另一方面也藉由版稅和演講收入,全力贊助希望教育工程,俾為下一代提供更優質的教育機會與環境,本書在公益與利他的雙重發想下於焉誕生。

　　既然是一位成功的企業家、教育家、音樂家與慈善家,秀清自然深切瞭解老闆們要的是什麼,她因此所衍生出來的全方位6R2V獨門絕學,與所附加的求職、面試技巧,以及職場成功的各項撇步,也就非常地貼切與實用了!本人不僅大力推薦,更鼓勵所有的職場新鮮人和學校就業輔導單位全面採用,作為跨入職場必備的就業輔導手冊!

　　由於佑康個人代表了遍布全球126個國家的「英國倫敦商會國際證照」在臺灣的服務,多年來也以業界講師身分先後在臺灣的成大、國北教大、逢甲等23所大學任教,並擔任師大、銘傳等17所大學的課程審議委員或諮詢顧問,因此對年輕人在大專院校畢業後進入職場的心情特別有感覺,也因此這本國際水準的職場專業參考書在臺灣問世,個人非常振奮,深深覺得這不僅是年輕人的福氣,可以一解心中謀職的疑慮與彷徨;也覺得是老闆們的福氣,可以藉此獲得優秀的一代為企業打拼;更覺得這是我們大家共同的福氣,得以透過群體善的力量,共創更興盛繁榮的未來。

　　經書應世,不敢藏私,是為之序。

——GWCC全球職場顧問公司董事長／總經理 **張佑康**

MS, MBA, FTBE, LCCIEB 英國倫敦工商會考試局臺灣區首席代表,先後任教於臺灣 22 所大學院校,並擔任 16 所大學課程審議委員、專家諮詢委員。

一、這本書給誰看？

這本書是寫給80與90後的（一般被稱為Generation Y與Generation Z）。你們的價值觀和那些1946至1964年出生（Baby Boomers）和1965至1980年出生（Generation X）的老闆們是不一樣的。你們要求老闆對你的建議和想法採納與尊重，而作為員工的你們卻要求老闆必須具有實力才會尊重他們。你們熱衷於為一個產品或理想創造價值，最新的電子科技已經成為你們生活中不可或缺的部分，生活和工作的平衡是你們關注的焦點，在職場上能否發揮自己的潛能是你們追求的目標。

而那些80年代以前出生的老闆們則比較願意在同一家公司服務，並且非常注重長幼尊卑，對於他們老闆的指示一般都言聽計從。他們是工作狂，工作可以是生命的全部，他們只把科技當成工具罷了。以上幾點就足以說明年輕的讀者與老闆的價值觀是不一樣的。所以，你們有必要透過閱讀此書來瞭解老闆到底要什麼。

不少的80後和90後，他們對求職感到著急和迷惘。除了要找到工作之外，他們想有更好的發展和超越，但卻不知從何下手，只能乾著急。這本書的目的就是要讓年輕的讀者更好地認識自己、瞭解行業的趨勢、瞭解職位的要求，更好地在求職路上展現自己的才能，並找到理想的工作。與此同時，我們也會談到老闆所關注的基本素質，我們會提到6個R與2個V，這是你要努力培養的好習慣，無論在寫履歷，去面試或者在公司有長足的發展，都取決於這些素質。

我來自新加坡，在新加坡渣打銀行從事人事和分行長的工作14年，在美國生活了5年，在中國工作8年，我對中西文化與中外企業家對員工的要求有獨到的瞭解。書裡所舉的案例和方法都是我多年在金融界、獵頭公司和諮詢行業中與同行相互學習的精華。如果你看懂了又照著做，我相信你一定會獲益的！我的一些朋友，例如中外企業家、學術界的專家和白領精英，都從專業的角度與讀者分享了他們的看法，這是本書的另一特色。

把這本書當成是你的導師（Mentor）吧！它是你的指南針，指向顛撲不破的真理。導師是什麼概念呢？如果你有一位導師，他雖然不是跟你做同樣的事，但是他可以把豐富的經驗與你分享，給你啟發。當我做新加坡渣打銀行人事主管的時候，我為銀行具有高管素質的經理們安排導師。有些同事一開始不太理解我的做法，但是後來他們發現，導師的幫助的確很大。因為導師都是過來人，他們是榜樣，他們能夠幫助新人提高工作效率，讓他們不必走彎路而且做起事來更有信心。

那你會說，有些人平步青雲，根本沒有什麼實力，他們靠裙帶關係或者賄賂就在職場上扶搖直上。我要提醒各位，那是一種選擇，你真的要選擇這樣的方法在職場上獨占鰲頭嗎？我們千萬不要只看眼前短暫的利益，一定要踏踏實實做好本分的工作，不要貪婪，不要膽大妄為。1995年，英國的投資交易員尼克‧李森 （Nick Leeson）因為掩蓋錯誤，蒙混過日造成巴林銀行的倒閉，結果自己也難逃責任。要知道天網恢恢是疏而不漏的。

我在這裡談很多技巧，但我要強調初步的成功可以靠技巧；進一步持續的成功，必須靠人格。我們要做正確的事，需要有勇氣，不同流合污。個人的素質是假裝不出來的，因為它是由內而外散發出來，表現在你的氣質裡面。所以我們必須努力修煉，學好方法，調整心態，養成好習慣。因為機會永遠是給有準備的人。

我謹以此書獻給求職者和在職場上想超越的朋友，希望它能成為你生命的參考書。

二、本書架構

這本書分成三個部分來說明求職者認識並做到：（1）老闆要的素質、（2）求職的技巧與方法、（3）如何達到目標。

（1）老闆要這樣的素質，我用以下的圖像來呈現：

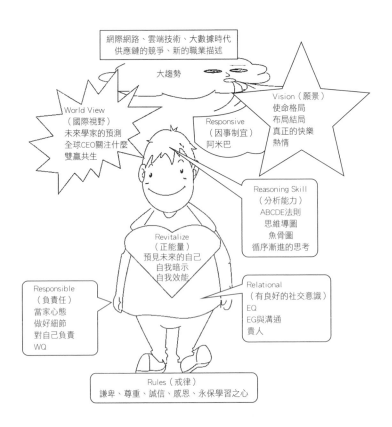

圖的正上方是「大趨勢」（Megatrend），象徵著大風在吹，代表自2006年之後，科技領域發生了翻天覆地的改變，例如：網際網路走向了物聯網、雲端技術及大數據時代；產業鏈、企業鏈和資金鏈，三流合一；企業的轉型和跨界合作，新的職業描述等等，都說明了劇烈的改變已是二十一世紀的大趨勢，這些大趨勢都影響著每一個人。

圖的左上角是國際視野（World View）：知道了世界的大趨勢，專家有什麼看法？CEO們關注什麼？一個好員工必須有國際視野。

圖的右上角是「願景」（Vision）：它是一顆閃爍的星星，那是求職者的使

命。有了使命才會有熱情，我們在這裡談到如何發掘自己生命的原動力，讓短暫的生命發光發熱。

圖的正中是一個求職者，圍繞著他的是6個R：第一個R是Reasoning skill，即分析能力。首先老闆要聘請有遠見的職員，這些職員有前瞻的想法，必須具備清晰的頭腦和分析到位的能力。我們在這本書裡會提供幾個分析問題的方法供大家參考。

第二個R是Responsive：即因事制宜。當我們朝著願景前進時會遇到不同的困難，我們要向阿米巴蟲一樣地靈活，一樣地有辦法，同時也要善用資源。

第三個R是Responsible：即負責任，老闆器重負責任的人。那什麼是負責任呢？那是有目標，有當家心態，能把細節做好的人。而負責任必須要靠自己努力去經營，所以我把這部分寫在求職者的左手上，就是為了傳達要著手實踐、努力經營的意思。

在求職者的右手上的R是Relational：即良好的社交意識。我們必須要有很好的情商，一個好的員工，必須要懂得情緒管理。在執行任務的時候，好員工不會輕易說「不」，他必須要有堅韌的意志，而且還要懂得溝通到位。本書裡我們會介紹Emergenetics的思考和行為特質，讓讀者瞭解自己和別人的差異，以求更好地溝通和與人合作。

除此之外，好員工必須有正能量，他們跌倒了可以自己站起來，他們懂得如何給自己打氣（Revitalize），這是常被忽視的正能量R。要做到這一點，除了要有積極的心態之外，更重要的是常常要提起正念，帶著愛去做人做事。

最後的一個 R是Rules：即我們的道德戒律，這是一切的根本。一個沒有誠信的人，一個不懂得謙卑、感恩和尊重的人是不值得信任的。他們在職場上可能得到短暫的成功，卻很容易被大風吹得暈頭轉向，難以在職場上站穩腳步。

（2）「求職的技巧和方法」

我們可以用以下的思維導圖來表述。第一，求職最重要的是要瞭解自己，所

以自我認識是很重要的；第二，把自己的檔案文件做好，方便寫履歷、求職信與面試；第三，必須上網搜尋資料；第四，必須找到連絡人，請他們幫忙；第五，在本書裡有很大篇幅在著重講解面試的技巧。

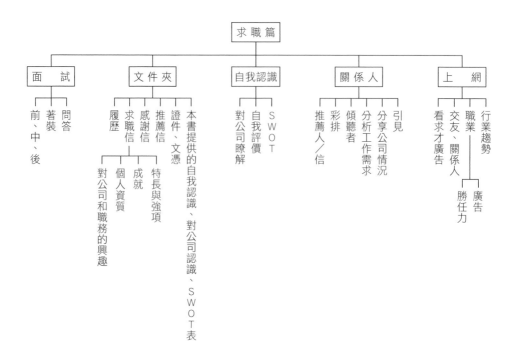

（3）「如何達到目標」

我們要為自己的人生設定目標，要計畫成功，而實現目標的最好方法是把生活規劃好，然後踏實地去做。我在這本書的第三部分講解如何設定目標並設計了日記表（請看附錄），希望對您有所幫助。

CONTENTS

Chapter 1　求職者為什麼心慌？

Chapter 2　對老闆要求的素質不瞭解

Chapter 3　淺談大趨勢

Chapter 4　求職篇

Chapter 5 目標篇

Chapter *1*

求職者
為什麼心慌？

❶ 自己不瞭解，缺乏願景（Vision）

❷ 對行業和公司不瞭解

❸ 對職業不瞭解

根據2013年6月的統計，中國畢業生的人數達到699萬的新高，但就業人數卻非常令人擔憂，畢業生的就職率不足50%。更不可思議的是，據調查報告顯示，在工作這麼稀缺緊張的環境之下，竟然仍有75%的大學生面試爽約，這真是一個大諷刺！若大學畢業生連這麼基本的禮貌都做不到，那麼求職的方法和心態就更不必說了。（注：2013年台灣的大學畢業生人數約為33萬人，在畢業6個月的平均就業率為64%）

人們都說畢業就是失業，他們不知道自己應該找什麼樣的工作，多半會因為找工作沒有太大的成果而感到沮喪。但是我們做任何事情都要有一個心理準備，要知道找工作是不容易的，在這個過程中肯定會跌跌撞撞。求職者對自己不瞭解；對行業、職業、公司、老闆所要求的員工素質不清楚；對大趨勢所造成的影響沒有概念；對寫履歷和求職信的要求不到位；沒有面試的經驗等。這些都是造成他們著急與心慌的因素，我將在本書裡一一說明。

1.對自己不瞭解，缺乏願景（Vision）

每一回我在結束了職場規劃的演講之後，聽眾們就會一湧而上，他們著急地提問：「您看我做什麼工作適合啊？」但是這個問題根本就不是三言兩語可以說清楚的，要找到適合你的工作，是一個歷程。其實你的職業生涯規劃在你求學的時候就應該開始準備了。

有些人很幸運，在很小的時候就知道自己要做什麼，但多數的人都很迷惘，他們不知道自己適合做什麼、自己的價值觀是什麼。他們沒有規劃地思考清楚自己喜歡做什麼？自己的優勢是什麼？自己的天分是什麼？自己有哪些技能？自己的缺點是什麼？自己又應該怎麼去做？將來才可以成功。

我們必須對自己有全面的瞭解和準確的定位，並對自己做適當的評價。因為當你越認識自己，越誠實地面對自己，越努力地觀察自己，就越能獲得

真正的成長！

　　一般我們去旅行時都會在行前做很詳盡的規畫，例如景點、路程、住宿和費用等，甚至明天要去參加同學聚餐，都會花上不少時間去想要穿什麼衣服、怎麼去、帶什麼禮物等等。但是，求職者是否在職業規劃中也這麼用心思考呢？因為做職業規劃的第一步就是要先「瞭解自己」。只有當你清楚自己有什麼天分、有什麼優勢、想做什麼之後，再去找相應的工作才不會有失落感。還有一點，我們應該花時間在自己的天分上，因為所有特別成功的人都會努力發掘自己的天分，然後努力將它發揮得淋漓盡致。

　　請填好以下兩份表格，做完這些基本工作之後，相信你會對自己有更全面的認知。

Stella's 習題　如何更好地瞭解自己？

1 我做哪五件事會最有耐心、最願意付出時間和精力？甚至達到廢寢忘食的地步？（凡是自己喜歡做的事情，都會給你能量。）

❶ _____

❷ _____

❸ _____

❹ _____

❺ _____

2 哪些事情我做得很開心、很容易，而且比別人做得又快又好？（一般來說，我們善用自己的優勢做事，能駕輕就熟，做起事情來事半功倍。所以發掘自己的天賦，是成功的關鍵。）

❶ _____

❷ _____

❸ _____

❹ _____

❺ _____

3 我最喜歡聽到別人稱讚我什麼？

❶ _____

❷ _____

❸ _____

❹ _____

❺ _____

4 我希望在哪些方面有傑出的表現？我今後願意在哪些事情上不斷地繼續努力？

❶ _____

❷ _____

❸ _____

❹ _____

❺ _____

5 我可以預見我的未來（夢想），我會因為做了以下的事情而此生無憾：（追尋自己的夢想做事，即使遇到困難也會願意堅持，因為有美好的願景、有一個強烈的渴望在召喚著你。）

❶ _____

❷ _____

❸ _____

❹ _____

❺ _____

　　希望大家認真地回答我設計的5個「Stella's習題」。做這個Stella's習題真的能夠幫助你理清思路，或許就可以發掘你的天分。

　　我們公司的實習生Ying做了以上的Stella's習題之後，很清楚地看到自己的願景是要當一個王牌演說家。但是她認為，這個願望不太能夠實現，她說了不少為什麼「不能實現」的原因。我告訴她不要想一步登天，她還這麼年輕，社會經歷也不足，如果現在就要成為王牌演說家當然不可能，但是如果她願意付出超人的努力，還是可以實現夢想的。只要有願就有力量，先不要為自己設限，千萬不能輕易放棄自己的夢想。

　　透過回答以上的問題，我們可以發掘到自己的潛能。潛能是你至今還沒有展現的能力，因為你的心理和情緒還沒有發展到足夠的程度讓你能夠表現

到最好，你的社會閱歷和經歷也還沒有發展到需要調動自己所有的潛力。更重要的是，你的觀念在和你作對。人的一生只展現出它全部能力的4%，也就是說有96%的能力都還沒有被開發出來，所以潛能是無限的，只要肯努力，不要一味地說：「沒必要」、「不可能」、「沒意思」，就真的不去嘗試。

請看Ying的例子：

最有耐心最願意付出時間和精力	很開心比別人做得又快又好	喜歡聽別人稱讚自己什麼	今後在哪些事情上不斷努力	此生無憾的事情
當主持人	主持	主持風格好	學習專業知識	王牌主持人
導演、策劃	演講	演講高手	溝通	王牌演說家
培訓內容的準備	語法結構梳理	富有愛心	語言學習	和家人幸福生活
學法語	策劃的準備	創意新穎	—	成為企業高管
和家人聊天	—	待人友善	—	幫助更多的人

從以上的答案可以看出Ying是一個很有愛心、願意幫助他人、能說會道且精力充沛的人。同時Ying並不是想要當一個幽默滑稽的演說大師，因為她沒有強調自己的幽默感，我們可以看到她更希望成為較學術性和實戰性的演說家，所以她畢業後選擇的行業沒有什麼特別的侷限，她可以去公關公司或者諮詢公司累積知識，並繼續朝專業的演講方向努力，成為一位言之有物的演說大師。

 **Stella's習題**

填寫個人資料表

這裡會要求較詳盡的資料，是你必須做的準備工作。

當這份資料完成之後，我建議你把它與自己的履歷、求職信、證件證照和推薦信放在同一個資料夾裡。我們去面試，有的公司會要求你填寫很詳盡的資料，有了這個表格作為參考，你就可以不用手忙腳亂了。還有，在準備面試時也要回顧它。

剛畢業的大學生可能覺得填寫這個部分很有挑戰性，因為他們多半想不出自己有什麼特別的技能、強項或成就。但是，如果你自己都覺得自己沒有什麼特別之處的話，那麼別人又為了什麼要錄取你呢？

所以我建議新鮮人努力回想在大學的幾年內做了什麼。當你在做這個Stella's習題的同時，也可以參考第四章的「履歷篇」。

1. 個人背景（Background）	2. 技能（Skills）
a. 學歷（最高學歷） b. 專業文憑：例如電腦、英語的證照、學校的文憑 c. 經驗（Experience） （由近到遠——每個工作的時間、職位、組織架構與離職原因。）	a. 與人交往的技能 b. 資訊方面的技能 c. 工作和處事方面的技能 （你的技能來自於工作經驗與學習。你必須用心去想，將自己的技能「提煉」出來。舉例來說，你的工作經驗是人事專員，但你的特長只是招募，那麼你就寫上招募。） ★要找到你的技能，你可以寫幾個發生在你身上的事，例如你在追求目標時面臨什麼障礙、你解決問題的步驟及可衡量的成果，就可以從中提煉出你對人（如監督，談判能力）、資訊（分析，創新能力），與處事（建立系統控制）等可轉換的技能（Transferable skills）。

3. 特長（Strength） 特長與經驗、技能不一樣，舉例來說，你的特長可以是非常細心，或者是外語功力很深。 缺點（Weakness） 我們肯定有需要改進之處，我們可以將缺點說得比較委婉一些，例如你做事比較慢，是不是因為你比較細心呢？	4. 成就（Achievements） 在這一點必須用心提煉和回想，自己到底在過去的工作和課外活動、社團中創造了什麼？以及得過什麼獎項？ 失敗的經驗（Learning Experiences） 成功的人在成功中學會，但更成功的人在失敗中汲取經驗，在跌倒之後能夠站起來。所以也要去思考你的劣勢與失敗經驗，在那之中你學到了什麼？
5. 願景和目標（Purpose & Goal） 具體解釋可參閱下一章的定義。	6. 興趣與休閒活動（Interest）
7. 薪酬（Compensation） 將現在的底薪、津貼、福利詳細寫好。當你去面試的時候，可能需要填寫申請表格，多數還要給薪酬資料，所以一定要準備好這方面的資訊。	8. 我感興趣的工作（Field of Interest）
9. 我喜歡的工作地點（Preferred Places）	10. 我喜歡的工作環境（Favorite Work Condition）
11. 推薦人（Referees） 至少兩位，他們現在任職的公司與職稱、與你的關係為何，以及聯絡方式。	12. 其他（Others）

★你先試著填寫此張表格，當閱讀完本書之後，可進行反思，並優化其內容。

瞭解你的職業傾向

「職業的選擇」不在於選擇最好的職業，而在於它是否最適合你，唯有如此你才能保持工作的熱忱，才能持之以恆。

我們必須要知道我們在工作上所花的時間是遠超過任何私人時間的，也因此我們必須要確保這份工作和個人的精神追求是一致的。因為今後的工作也取決於我們對工作的認識，而你我工作的目的到底是什麼呢？難道是為了維持自己的自尊，找一份體面的工作？一些求職者希望找一份體面的工作，但卻忽視了個人的志向和才能，在工作上始終找不到樂趣，這又怎麼能實現自己的抱負呢？那麼我們是為了實現自己的理想和人生目標而工作？還是為了發揮自己的專長，到能夠充分發揮自己才能的公司而工作呢？先想清楚這些問題，才不會迷失自我。

同時你也要對自己的職業傾向有所瞭解，不同的人有不同的職業傾向，大致上可以分為以下幾類：

一、技術型：如果你樂於從事技術上的發展，那麼你可以專心做研究工作，不必負責管理，你的職業發展可以是「基礎的技術人員」，或「高級技術人員」，或是「技術專家」。

二、管理型：傾向於管理型的員工一般都擁有分析和解決問題的能力。他們也有很好的人際溝通能力，能去影響、領導和應對各階層的要求，並且在遇到危機的時候有抗壓的能力。

三、創造型：你需要建立完全屬於自己的東西，例如以自己的名字命名的產品或建築物，或者是自己創立的公司，若你認為只有這些東西才能夠表現你的才能，那麼你就是創造型的人。

四、自由型：喜歡獨來獨往，不喜歡在組織裡發展，傾向於獨立或者和幾個合夥人一起創業。他們往往會成為諮詢人員、自由撰稿人、或者零售店老闆。

五、安全型：此類型非常關注職業的穩定性，希望工作能有穩定的收入、福利和養老金。

在瞭解了個人的職業傾向之後，還要對不同的職業類型有所認識。簡單來說，職業可以分成八大類：第一類是公務員，服務於政府機構；第二類是專業技術人員，例如工程師；第三類是行政文員，包括人事、行政、會計等；第四類是從事商業服務，包括銷售人員、市場策劃、行銷人員等；第五類是直接從事農林漁牧水利業的生產人員；第六類是在工廠生產線上或運輸物流等方面的從業員；第七類是職業軍人；第八類是其他工作人員。

最後，我們也要深入瞭解自己的家庭狀況，因為我們做任何事情都不能缺少家人的支持。總而言之，職業規劃就是要給自己一個定位，知道自己適合做什麼？自己的天分是什麼？嗜好是什麼？能力是什麼？經驗是什麼？當我們做自己能夠勝任且喜歡做的事，才能夠體現出自己的優勢與和別人的差異，就能夠助你脫穎而出。

找到你的願景（Vision）和使命

所謂的願景是生命的目標，那些讓你覺得不枉此生的夢想，都是讓你心跳的原動力……最理想的狀況是員工的願景和老闆的願景相符，但是如果你的願景和公司的不一樣，老闆還是會讚嘆那些有理想有願景的人，因為他們做起事情來有熱情。

我們生命中真正的依靠肯定不是金錢、名利、也不是一位有錢的老公老婆。要找到自己獨特的使命，就得從內心開始，坦誠地面對自己內心裡持續不斷顯現的想法和念頭，關注自己喜歡做什麼？有哪方面的天賦？把想法變成行動，然後注意內心所發出的訊號，透過自身全面的改變——包括行動、言談和想法，去塑造出一個真實的自我。

　　我的好朋友崔博士，她是北京清華大學的博士生導師兼一家著名環保公司的老總。以前的崔博士只是將環保工作當成她的事業，並沒有將它當成是自己的獨特使命。

　　兩年前，她在潛心拜佛的時候猛然覺知，原來她的使命在她的人生道路上一直都是有跡可尋的。例如她是化工方面的天才，成績名列前茅，她所研發的環保技術一直都得到各方的認可，她的公司已有二十幾項國家環保專利和一個國際專利。自從她明白原來自己除了賺錢之外，還應該有一個更大的格局，那就是為地球、為中國的環保事業做出貢獻。因此近年來她非常拼命地工作，致力於將公司的環保事業做大做強，也正因為有了做好地球環保的使命，無論前方的荊棘重重，內心堅定的她仍非常積極地帶領一批員工將每一項環保治水的工程都做到最好。

　　我們每一個人都有自己獨特的天賦，每一個人都有一個體現生命價值的任務。我們不必急於找到答案，如果你在做的事情是讓你心跳的動力，讓你覺得只要做這件事就是在顯現你生命本有的狀態，同時你願意去努力、去付出、去超越，那麼這就是你的使命了！

　　再分享一個生活中的小插曲。我前天去染髮，與理髮小助理分享以上幾段話之後，問他如何體現生命的價值？他難為情地回答我說：「林太太，我一個理髮助理能有什麼作為呢？」我說你先回答我為什麼你會選擇理髮這個行業？他說是因為興趣。我接著引導他說你的手是不是很靈巧，他高興地說是的。我說那你這一生的使命應該就是幫我這樣一把年紀的老人家排憂解難，你好慈悲啊！小夥子瞪大了眼。我解釋道：我愛美但年紀大、白髮多，而你如果把我的頭髮打理得漂漂亮亮，除了能賺錢還為愛美之人做大貢獻，何樂而不為呢？他不停地點頭稱是。我說既然你認定了人生宗旨就要付出代價，好好把理髮的技術做到最好。聰慧的小夥子說林太太我一定努力，我先把你的白髮染好。

　　美國職業指導專家理查·博爾斯（Richard. N. Bolles）[1]說，我們的使命是展現我們的天賦，是讓這個世界更美好。在追尋使命的過程中，我們先要學習做個好人。你必須瞭解，使命不是單獨成立的，而是與人有關的。我們應該學會更加感恩，更加仁慈，更加寬容，和擁有更多的愛。我們不要急功近利，不要想一開始就知道自己的使命是什麼，只要老實做就對了。我們應該按部就班地把事情做好，要相信我們的使命不是突然發現的，它不是一個智力活動，而是一個循序漸進的過程。唯有相信這一點，我們才會努力在工作中發掘自己的天賦，朝自己的興趣和天賦努力，做到止於至善的境界，成為某個領域的專家，如此才不會辜負老天爺對我們的恩賜。

　　若要把「如何尋找使命」說清楚，我必須介紹富勒博士（Buckminster Fuller）[2]。富勒博士說，要找到生命中的使命，就一定得行動起來，並且要與別人互動。他用Precession（漣漪效應、影響和副作用）來解釋如何找到生命中的使命：就像你把一顆石頭扔到湖裡，石頭就會在水面上泛起漣漪。富勒博士說，你只要朝向你的目標工作，隨著時間的推移和你持續的努力，在無形中便構成了你做這件事的影響（Precession），而這影響將呈現在你的工作與時間的90°角內。而在這90°角內所發生的事情，就是你的使命。

　　他用蜜蜂採蜜來比喻。蜜蜂的天賦是「飛」，而且牠很勤勞，牠只專注在牠該做的事，就是採花蜜，牠從來沒有去想牠的使命是什麼。但是在這個過程中，牠採花蜜的Precession就發生在牠工作和時間的 90°範圍裡出現了。原來牠的使命就是傳播花粉，讓植物繁衍下去，造福世界和人類。

---

[1] 理查·博爾斯（Richard. N. Bolles），著名的著作有《你的降落傘是什麼顏色》和《如何找到你的使命》等。

[2] 富勒博士（Buckminster Fuller）擁有47個榮譽博士頭銜，其1929年設計的「節能多功能房」（Dymaxion House）是一種由輕型鋼、硬鋁和塑膠做成的房屋，內部的房間呈六邊形布局。富勒博士身兼數職，除了建築師外，還是哲學家、設計師、藝術家、工程師、作家、數學家、教師和發明家。在其一生中，他共註冊了25項專利、寫了28本書，且獲獎無數，其中包括了1969年的「諾貝爾和平獎」提名。

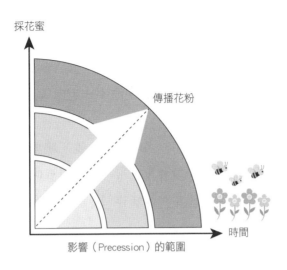

再舉一個例子，特務工作必須要有承受壓力的能力與很強的心理素質。在世界大戰期間，美國政府研發了一套評估特務工作的系統，其中包括利用模擬的情景來考驗特務的工作。然而此系統在大戰之後卻成為人事經理考核員工的「評價中心系統」（詳見本書P.219評價中心），那就是Precession。

我們可能一輩子也不知道自己的使命是什麼，但是我們必須要行動起來。從上面的第一個Stella's習題中，我們已經認識到自己的特長。那你可能會問，我怎麼知道我做得對不對呢？我說，在行動的過程中如果遇到挫折，那就是老天給的暗示，要讓我們去修正，我們應該繼續行動，不要因為害怕挫折而停滯不前。要知道當我們遭遇挫折，不代表我們是錯的，那只是挫折給予我們的回饋而已。當一個小孩學走路，跌倒後他想，我不要再丟臉了，我不走了，那他這輩子就別想走路了。

富勒博士相信，我們的工作是能給別人帶來價值的，如果你喜歡做一件事，那你就好好地做吧！不要朝三暮四，要累積知識和專門的技術，要真正學到本事。我們必須要在同一個工作上付出至少20年才能夠有所成就。你千

萬不要說，我去冥想和靜坐來找到我的使命，冥想和靜坐固然很好，它能夠幫助你沉澱和更好地思考如何達成目標，但絕對不是你找到使命的方法。你可以想像，如果蜜蜂決定冥想，而不去採花蜜，那將會有什麼結果？

每個人都有他自己的使命，但這個使命不一定會馬上出現、實現。

我小時候參加演講比賽都是第一名，能說會道，驍勇好鬥，很想當一個大律師或者一個政治家。在高考成績發布以前，我和鄰居的一個姐姐借了一大堆法律書籍，在家裡猛讀。這位姐姐是讀法律的，現今已成為新加坡有史以來的第一位女性大法官。

父親看我那麼用功，經常笑呵呵，我以為他會很高興我想唸法律系。等成績出來以後，我填的第一志願就是法律系，第二志願是政治系，交給父親簽字，父親卻很堅定地告訴我，我們徐家不允許有律師和政治家。在這裡我不提為什麼，但是我很納悶，當初我努力讀法律的課本時，他怎麼沒阻止我呢？爸爸說，你學習嘛，我幹嘛要阻止你？總而言之，你去報一個文科吧！法律系和政治系的話，我堅決不支持你。我跟他反抗到報名的最後一天，終於選了商科。你可以想像，我大學的成績有多爛，我根本沒有心理準備，非常抗拒這個學科，也經常用我沒機會讀我喜歡的系當成我成績不理想的藉口。

畢業後我有兩份工作可以選擇。一個是成為政府公務員，另一個是成為新加坡工會的勞資關係員。我的選擇是後者，雖然工資不高也不像第一份工作那麼穩定，但我在這個工作中學會了與資方談判，學會了辦群眾活動，這些工作內容與我想成為律師或政治家的初衷有些相似。所以我非常高興，也很努力地學習和工作，在兩年內連升三級。在工會工作經驗的累積為我後來成為人事經理打了很好的基礎。不但如此，在渣打銀行期間，我還是新加坡銀行界人力資源協會的主席，令我特別驕傲的是，其他的銀行都在等我跟工會談判，要使用我與工會簽訂的勞資合約作為參考。

我的願望其實已經在冥冥之中達到了。還要補充一點，我年輕的時候只想

到律師就是辯論，其實律師的工作還有處理房屋購買、融資等。這些工作如果交給我做，肯定錯誤百出。因為我不喜歡金融，然後又不太細心，如果房產證寫錯客戶的名字，後果堪虞！而且我後來發現，我是不太擅長辯論的。在學校裡，我的演講不錯，但是在辯論隊裡，我只被派做第一發言人。也就是說，我必須要做充分的準備才能夠做好發言，我並沒有那種即興演講的才能。

所以，其實我應該感謝我的爸爸。我當人事經理和諮詢師，替年輕人做職業規劃、心靈輔導，這完全符合我的使命，因此我很珍惜每一次演講的機會，也很享受過程。只要你的工作是符合使命的，你就能和我一樣，即使不當律師，不當政治家，也可以透過發揮演講天賦來實現使命呀！

希望我的例子可以給你一些啟示。我們有時候看不懂命運，不知道苦口的藥丸正是良藥，我們不必太過急於達到某個目標，應該讓生命的奧祕自然地展開，在工作的過程中踏實地走好每一步就可以了。

📖 格局、布局、結局

臺灣首富郭台銘說：「格局決定布局，布局決定結局」，人生的格局要開闊才會有穿越性，格局越大、能量越大、設立的目標就會越大。有時候我們的格局很大，別人不瞭解，那只要你自己堅定不移就是了。

臺灣慈濟功德會證嚴上人[3]說：願越大，力量就會更大。她早期只有幾個信眾，但是她要造福人群的格局很大。1967年，上人去醫院探望一位生病住院的信徒，她到了醫院卻看到地板上有一灘血水，問了相關人士才知道，原來是

---

❸ 釋證嚴，臺灣慈濟基金會創辦人，依止印順長老為師，秉持師命「為佛教，為眾生」，於花蓮創立功德會。慈濟功德會是臺灣最大的民間慈善機構，其在世界五大洲都設有分會和聯絡處，從事慈善、教育、醫療、文化、國際賑災、骨髓捐贈到環境保護和社區志工等活動，形成了臺灣愛心奇蹟的「一步八腳印」。

一位原住民婦女小產被送到醫院，因為沒有錢開刀，只好又返回部落。上人聽了之後非常難過，也深感臺灣東部地區缺少醫療資源，一般的民眾看病太困難了，所以她立志要蓋醫院，便成立了慈濟慈善基金功德會。

證嚴上人的使命是普渡眾生，她的格局是何其的開闊，也正因為她有那麼開闊的格局，才會有超脫的思維，才能做出那麼偉大的慈善志業。一個人的使命和格局是超越能力、技能、靈性的層面的，它絕不只是一個好的想法，更是一種內心的呼喚。它給我們源源不斷的動力，促使我們在走向這個使命的同時，奮發努力學習，且不求回報。當我們的愛越大時，我們的使命就越大。不要小看自己，我們的潛能是可以被激發出來的，透過超越與奉獻去拉高標準，只要努力，成功是指日可待的！

然而格局跟妄念是有差別的，一個人是否豐足自在完全是一個主觀的問題。許多人在談格局的時候，都是在說自己，假如你的格局只是想到自己，那就不叫做格局，反而變成貪了。就如前面我所提到的崔博士的故事一樣，她的確是想將公司做到上市，做到最好。但是她所想的事情是為了中國能有更好的水質，因為她的天分就在這裡，那已經不是為了實現自己的榮譽和財富，而是為了更大的目標。

無論如何，我們必須有一個願景，這個願景必須超越個人的價值，這是老天給我們的獨一無二的使命。因此我們也不能好高騖遠，必須踏踏實實地把每一件小事做好。

找到真正的快樂

匈牙利心理學家米哈里（Mihaly Csikszentmihalyi）[4]提出了一個人進入

---

[4] 米哈里・奇克森特米哈伊（Mihaly Csikszentmihalyi）是匈牙利的心理學家，22歲移民美國，曾任芝加哥大學社會學系主任，以研究快樂和創意著名。

流動（Flow）的境界會是什麼樣子。例如，當我們做真正熱愛的事情時，例如彈鋼琴、和朋友在一起，甚至在工作時都可以感到「流動」。這是一種境界的昇華，米哈里談這個題目的影片有超過上千萬人次觀看。

馬丁‧塞利格曼教授（Martin E. P. Seligman，PhD）❺根據米哈里的研究繼續衍生出快樂的定義。他說，快樂可以分為三種：一是愉悅（Pleasure），這種快樂讓我們不斷地追求另一個新高，是不可持續的。當你習以為常的時候，你就沒有新鮮刺激感了；二是激情（Passion），當我們到達這種流動的境界（Flow）時，將會感到時光飛逝。例如音樂家在從事音樂工作的時候，經常達到一種忘我的境界；三是更高的理想（Higher Purpose），就是你所追求的是超越自己的，是愛與奉獻。這時候，你會更加堅毅不拔，而這種快樂是持續的。

有使命的人是積極向上，快樂的。在這裡我要說清楚，一個人的使命與目標是不同的，我們必須要能區分不同。「目標」是可以達成的，但是一個人的「使命」卻是窮極一生不斷追求的境界，我們只能做到盡善盡美，卻沒有終點。而目標可以是為小我而設的，使命則是為了大我，我們因為有了使命，生命才能更加燦爛。

---

❺ 馬丁‧塞利格曼教授 (Martin E. P. Seligman, PhD)是積極心理學之父。他持續透過科學方法來研究人的積極情緒與性格特質，他希望每個人都能夠像樂觀的人開開心心地工作和生活，他的研究也表明這個願望是可以實現的。現在馬丁教授是賓夕法尼亞大學積極心理學中心的主任，在他的帶領之下，賓夕法尼亞大學已經開設了積極心理學碩士課程。其享譽全球的經典著作有《真正的快樂》（Authentic Happiness）和《樂觀的孩子》（Optimistic Child），這兩本書都是在談論如何讓自己或孩子有正向的思維。為了將「每個人都可以變得正向」的想法傳遞到全世界的每個地方，他在網路上提供免費的測試（http://www.authentichappiness.sas.upenn.edu/Default.aspx），測試內容豐富，有關於情緒的測試、參與度的測試、生活意義的測試，也有關於生活滿意度的測試，足以讓你瞭解自己是悲觀還是樂觀的人。現在這個網站註冊人數已超過70萬人次。

 ## 活出生命的燦爛

佛家說：「離苦得樂是人本能行動的原動力」。但每個人解決事情的方法與想法不盡相同，而主要出現差異的原因就在於我們每個人的格局不一樣。同樣地，格局也決定了我們在事業上的成就與貢獻。

人生一旦有了明確的宗旨和使命，生活就自然有了著力處，就不容易動搖了。我們的使命可能和老闆的使命不一致，那不要緊，我們只要在自己的崗位上做好每一點、每一滴，不要夢想一步登天就對了。我經常和我的員工分享，我做獵頭有很大的使命感，因為我覺得我是幫助候選人創造更好的機會，我也替企業找到能夠幫助他們創造業績的人才，我對國家、企業和個人，都有所貢獻。正因有了這個使命感，我願意努力付出，把獵頭的工作做到最好。我自己知道，我更大的願景是把慈善事業做好，現在的我已經沒有花很多的時間在獵頭的具體操作上，但是，我在獵頭工作中累積的人脈和經驗都為我從事慈善事業打下了很好的基礎。所以，好的老闆一定希望他的員工有使命感，因為他們都會熱情地工作，而且都是有大愛的人。

工作如果對我們自己有特別的意義，就會感到快樂，也就能夠持續地努力，哪怕在前進的路上充滿荊棘，我們也願意為自己的理想去奮鬥，自主地把事情做得更完美、更專業，而這種熱情通常來自於我們想為更多的人服務，因為我們的願景是超越自己。

有使命和熱情的人就像喬·吉拉德（Joe Gerard）❻一樣，這位國際公認的銷售大王，今年已是八十五歲的高齡，卻仍然在巡迴全世界講課。他對生命充滿了熱情，永不退休。

《夢騎士》這部廣告片在二〇一一年得到「中國微電影節」大獎，那是

---

❻ 喬·吉拉德（Joseph Samuel Gerard，1928年生），是美國著名的推銷員。他是金氏世界紀錄大全認可的世界上最成功的推銷員，從1963年至1978年總共賣出了13001輛雪佛蘭汽車。喬·吉拉德是世界上最偉大的銷售員，連續12年榮登世界金氏記錄大全世界銷售第一的寶座，其所保持連續12年平均每天銷售6輛車的世界汽車銷售紀錄，至今無人能破。

根據真實故事改編的。5個平均年齡81歲的老人，一個重聽，一個得了癌症，三個有心臟病。經過六個月的準備，他們環島13天，全程1,139公里，只為了一個簡單的理由：成就自己的夢想。哪怕是生命已快到盡頭，他們也要做一個夢騎士。這部微電影絕對稱得上是最好的勵志微電影。在我們的身邊有不少年輕人，他們在工作上當一天和尚撞一天鐘，做起事來完全沒有熱情，這些人早就已經「退休」了，只是忘了告訴老闆。

而《土撥鼠之日》（The Groundhog Day）這部電影則獲得了英國電影的最佳劇本獎，為什麼能得到這麼高的榮譽呢？因為它的哲理很深刻。片中告訴我們，如果沒有把生命的課程學好，那麼即使我們活著，也只是不停地重複每一天。

電影故事敘述一個驕傲的氣象播報員菲力，他對人很冷淡，每年的二月二日都要去賓州一個小鎮採訪土撥鼠之日。他已經對這個節目完全厭倦，甚至可以說是厭惡至極。某年的二月二日，他在採訪結束後卻遇到了暴風雪堵住出口，以至於不能離開這個小鎮，他在那個小鎮過夜，但是第二天醒來卻發現還是2月2日。他一開始感到驚訝、不敢相信，然後是激動、狂喜。隨著這個二月二日每天的重複，他開始覺得痛苦、失落、絕望、甚至自暴自棄，然而只要第二天醒來，就還是二月二日。「我實在是受夠了」，他甚至自殺。結果，第二天醒來，發現自己仍躺在床上，日子還是二月二日。

過了很多天之後，菲力終於醒悟。他發現只有他做善良的事情時，別人才會對他有所反應，才會有一連串善的迴圈。所以他不再浪費時間，他要把每一個二月二日都變成一個新的體驗，一個愛的體驗。他開始學習音樂，學習雕刻，他的善心表現在他竭盡全力地去接住從樹上掉下來的小孩，保護他不受傷；他也嘗試幫助一個快死的老人，後來發現老人是無法被救活的，但是菲力決定可以在老人臨終之日請他吃一頓好的餐點，溫暖老人的心。

也就是說當我們覺得受夠了而願意採取積極的生活態度、願意用愛去溫暖

別人的時候，我們同時也會超越自己。當菲力更加善良地、真誠地對人，對生活也更有熱情的時候，他也同時得到同行女主播的芳心。

當我們心中有愛，願意幫助身邊的人時，我們才得以超越……你是否還卡在你的二月二日呢？

中國著名詩人何其芳[7]曾經寫過一首詩——《生活是多麼廣闊》。這首詩充滿了對生命的熱愛，我們年輕人就應該要有這種熱情和快樂。

生活是多麼廣闊。

生活是海洋。

凡是有生活的地方就有快樂和寶藏。

去參加歌詠隊，去演戲，

去建設鐵路，去做飛行師，

去坐在實驗室裡，去寫詩，

去高山上滑雪，

去架一隻船顛簸在波濤上，

去北極探險，去熱帶搜集植物，

去帶一個帳篷在星光下露宿。

去過極尋常的日子，

去在平凡的事物中睜大你的眼睛，

去以自己的火點燃旁人的火，

去以心發現心。

生活是多麼廣闊。

生活又多麼芬芳。

凡是有生活的地方就有快樂和寶藏。

---

❼ 何其芳（1912年—1977年）中國著名詩人，散文家，文學評論家，「紅學」理論家。北京大學哲學系畢業，是「漢園三詩人」之一。主要著作有：散文集《畫夢錄》（成名作），詩集《預言》，其對紅樓夢的研究頗有建樹。

我非常喜歡這首詩，詩人帶我們進入一個開闊、富有朝氣、對生活充滿了熱切的希望當中，與讀者共勉。

擴大視野與影響

我們可以透過看名人傳記來感受他們的經歷和心路歷程，以作為我們學習的榜樣，激發我們的使命感。此外，看傳記的另一個理由是可以擴大我們的視野，如果沒有寬闊的視野，是不可能有新的格局的。一般人受制於現實，多半沒有寬闊的視野，透過這些名人，你可以看到更廣大的天空，給自己更大的觸動。因為坐井觀天，曰天小者，非天小也，其所見小也。讓古聖先賢引領我們看到更寬闊的視野，有更大的格局，設立更大的目標。

例如，李·艾科卡（Lee Iacoca）[8]的傳記、賈伯斯（Steve Jobs）的傳記等，都能夠發人深省。我個人特別喜歡閱讀曾國藩的家書，因曾國藩不僅是清朝著名的政治家和統帥，也是一位卓越的文學家和教育家。透過閱讀他的家書，我們可以學到不少做人的道理，例如為官要清廉，要愛家等等。所以，讀傳記就像是有良師益友在督促我們一樣，這種跨越時空與聖賢交流的學習方法，絕對可以讓我們從中受益的。

公眾演說

我們有了使命，就要學會公眾演說。馬丁·路德牧師（Martin Luther King）說：「我有一個夢想，我的夢想就是看到黑人和白人的小孩高高興興的手牽手在沙灘上玩耍」，這就是一個格局，一種願景。馬丁·路德透過演講把他的理念說出來了，當然最後也達到了他的目標，為全世界消除了種族

---

❽ 李·艾柯卡（Lee Iacocca），被稱為美國汽車大王，曾擔任福特汽車公司總裁，之後擔任克萊斯勒汽車公司總裁，將這家瀕臨倒閉的公司從困境中拯救起來，奇蹟般地東山再起，使克萊斯勒成為全美第三大汽車公司。他那鍥而不捨、反敗為勝的奮鬥精神使人們為之傾倒。在20世紀80年代以及90年代初，其成為了美國商業偶像第一人。

歧視，做出重大的貢獻，使美國成為一個非常開放的國家。他最著名的演說就是《我有一個夢想》（I have a dream），他在這個演講當中不停地說道：「我有一個夢想」、「我有一個夢想」、「我有一個夢想」，他不停地將他的格局和使命告訴聽眾。不僅是他，所有的成功人士都會告訴別人：「我有一個夢想」，「我有一個夢想」，不停地說、努力地說，他們呼籲別人跟自己一起實現。然而很多人有夢想卻不敢說，不敢說就不會實現，別人就無法幫助你成功。

作為一個好的員工，當我們全力以赴地投入工作、對某個目標有強烈的渴望時，就會在腦海裡形成一個意向，一個清晰的圖像。有願景的員工，能清楚地看到自己所要的結果，正因為有這個強烈的渴望，身邊的一切都會被這個大磁鐵吸引來成就這個夢想。

當你有了願景，有目標的時候，能有效地影響別人來和你合作、支持你的方法，不是一對一的溝通，或者一對一的書面交流，而是透過公眾演說的方法。在我們的工作中，也經常需要把公司的想法與客戶和其他員工說清楚，而公眾演說是一個非常有效且省時的方式，大家都能直接聽到你說什麼，不是透過別人的轉述，那麼別人就可以親自感受到你對某件事的態度，從而給你相應的支持。

擅長公眾演說的人都會告訴你，他們在臺上能夠樹立個人的形象與魅力，能有效地把能量感染別人。公眾演說，可以在最短的時間影響最多的人，所以求職者必須學會公眾演說。國際演講俱樂部（Toastmasters Club）是個很好的學習平臺，於1924年在美國成立，現在在全世界70多個國家裡擁有1.2萬名會員，在中國各大城市都設有分部（注：台灣可搜尋「中華民國國際演講協會」），主要是幫助會員學會如何思考、表達、寫作和演講。

當然你也可以去上一些培訓課程，大家都知道激勵大師安東尼·羅賓

（Anthony Robbins）[9]是一個超級演說家，但是每個成功的背後都是努力的結果。安東尼・羅賓告訴他的聽眾，他的演講技能是一天做最少六場演講，哪怕是免費的演講，或者是讓自己累壞了，他都會珍惜每個公眾演講的機會，藉此來提升自己演講的技能。我們也可以在工作上自動請纓，自己主動總結工作和學習經驗，試著上臺與大家分享。

在這裡我要特別強調：80和90後的年輕人是不輕易接受別人給他們的指示的，他們必須要有認同感才會與你合作，他們是需要被說服的。所以如果你要帶領你的同事，你就必須說服他們，而公眾演說能最快達成這個目的，我建議年輕的讀者要儘早學會這個技巧。

 ## 2.對行業和公司不瞭解

在做行業調查研究時，應該先瞭解該行業現在以及未來的行情趨勢，以及該行業中有哪些公司，而該公司在行業的排名位置等。你的目標公司是哪一家？又為什麼你的目標公司適合你？你和目標公司的職位是否匹配？你又是否瞭解目標公司的文化、業務等。

不同的行業有不同的職位設置，例如醫藥行業有醫藥代表的職位，電信行業有網路優化工程師的職位，而醫藥行業就沒有這樣的職位，這都與行業特色有關。因此，我們要對行業的歷史、現狀、發展趨勢與該行業人才的特徵有所認識。

在瞭解公司背景時，我們要問的問題是公司的性質、規模、註冊資本、成立時間、經營範圍、產品品類、年銷售額、市場佔有率，還有經營模式、

---

[9] 安東尼・羅賓（Anthony Robbins），世界第一潛能激勵、成功導師和潛能開發大師。主要著作有《激發個人潛能Ⅱ》、《激發無限的潛力》、《喚起心中的巨人》、《巨人的腳步》和《一分鐘巨人》等，被翻譯成數十種譯本。安東尼・羅賓於1995年當選為「美國十大傑出青年」，同時被授予最高獎項「金錘獎」。

管理模式、競爭優勢和財務狀況。

每個求職者都想去朝陽產業工作，但是究竟哪些是朝陽產業呢？我們正處於一個世界大變革的時期，回顧歷史可以看到，每一個國家或者企業只要在變革的時候把握機遇，就有可能脫穎而出。例如，18世紀工業革命，英國把握機遇，成為了世界經濟強國；20世紀，美國把握了電氣化和數字科技革命的機遇，成為了世界第一大經濟體；而21世紀的中國是有難得的機遇和條件的。

根據挪威DNB金融諮詢公司的預測，到了2025年，中國將在以下五個領域位居世界第一位：工業及製造業、公共事業、交通運輸、電子資訊業、化工業。此外，批發和快速消費品行業，也可能成為世界第一。

中國快速發展的經濟和行業，是其獨有的機遇和條件。我們應該抓住資訊科技升級的重大機遇，充分發揮新一代科技資訊的槓桿作用，使資訊科技在轉變經濟發展方式的同時，成為創建和諧社會的有力工具。而中國的機遇也會是我們作為員工的機遇，我們必須把握好機會，讓自己也富裕快樂。

詹姆斯·坎頓（James Canton）[10]對於未來能源、創新經濟、極限科學、長壽科學、個人未來等諸多問題提出了精闢的見解。雖然說行行出狀元，但我們仍然無法確認哪些是朝陽產業和夕陽產業。所以，我們只需要關注在如何把自身的條件和素質提高，來應對未來急劇的改變。

IBM於2012年的CEO報告裡的一句話，可以幫我們總結：「當今CEO們的處境是其前輩前所未聞的，CEO要邊學習邊領導，與員工一樣，CEO必須重塑自身。當才剛完成自身的一次重塑之後，又得再重新改變一次。」

管理者們尚且如此，那你呢？

---

[10]詹姆斯·坎頓（James Canton），《極端的未來》一書作者。是當今世界最為著名的未來學家、社會學家，也是一位傑出的演說家、作家。在過去的二十多年裡，他多次成功地預測某些重要趨勢、重大事件的發生，也出版過給世界帶來衝擊的多本著作，例如《尖端科學如何改變二十一世紀的商業》、《下一個一千年》等。詹姆斯·坎頓博士現為全球未來研究院主席，並擔任美國白宮戰略顧問，同時在國家世界500強企業，例如飛利浦、通用汽車、IBM、富士通、摩托羅拉等擔任董事或者商業顧問。

徵才的流程

　　用人的單位到底是怎麼操作的呢？公司的徵才計畫一般在年初就已經決定了。人力資本總監與公司的高管，會根據公司的發展與需求來擬定所需的人員數量與職位級別。一般徵才的工作由人事主管負責，在確認找人之前，人事部會與用人單位討論是否利用加班重新分配工作，優化工作流程以及提出各種防止跳槽的措施來解決人員空缺的問題。一旦確認必須徵才的職位後，人事部就會去瞭解職業描述（Job Description）、個人素質（Person Specification）、衡量標準（勝任力）然後將它做成職位說明書，請部門高管確認後才寫成徵才廣告。人事經理也必須與薪酬福利經理商討合適的薪酬以及預約一線經理參與面試活動。而徵才廣告可以透過網路、報紙、專業雜誌、人才交流會、招聘外包、獵頭、校園徵才、實習生計畫和內部推薦等管道來發布。在收到履歷之後用人單位透過面試或者其他方式（詳見P.219「評價中心」）來篩選與安排面試，最後談薪酬和錄用。

範本 「職務說明書」

職位層級：　　　　　　　　　　職位類別：

部　　門		職位名稱	
直接上級		直接下級	
平行級別		對外關係	
職位工作 內　　容			

職位工作標準與要求	職位個人任職條件與素質要求
職位責任	職位權限
薪酬及其他	

制定日期：　年　月　日　　招募經理：（簽字）　　　　用人單位主管：（簽字）

公司資料表

　　一般求職者不但對用人單位的徵才流程不瞭解，即使有面試，也不能夠很好地說明自己將會如何為公司效勞，原因是他們對公司並不瞭解。因此去面試前，一定要做好以下的Stella's習題，以便你對公司有更深入的瞭解。

　　我們對所申請工作的公司不瞭解，就不可能寫好履歷和求職信，也不能在面試中脫穎而出。所以我們應該在丟履歷之前，先填好以下的表格。我建議你把它與你的履歷、求職信、證件和推薦信放在同一個資料夾裡，在準備面試時也要回顧它。

公司資訊（Company Information）	部門資訊（Department Information）
我們可以透過求才廣告和網站得到相關的公司資訊，然後把這部分填好。一般面試官會問你對他們公司有沒有瞭解，所以你能夠把重點說好，就能夠證明自己對該公司是關注的。	求才廣告或者網路上有相關的資訊。你也可以透過與公司員工溝通進行瞭解。在此填上彙報對象、同事部門等，並且把組織架構圖畫好。 
工作要求（Job Specification）	**個人要求（Person Specification）**
公司在工作描述（Job Description）裡會說清楚此項工作的性質和內容，也會提到彙報的對象和同事的關係及業績要求，將這些內容填上。	在工作描述中也會提到這個職位需要什麼樣的個人素質、資質與經驗。

3.對職業不瞭解

一份針對中國大學生的職業目標調查結果發現（以中國為例），62%的大學生沒有明確的職業目標，25%的大學生有職業目標但不明確，只有13%的大學生有明確的職業目標。大學生對自己的職業生涯規劃也有很大的困惑，因為不同的職業意味著不同的發展機會、不同的發展空間和不同的生活方式，我們必須設法在職業發展和家庭中找到平衡。

專業不對口怎麼辦？

你不必擔心你在大學裡學到的跟職場的工作不對口。其實，在大學裡所學的專業技能很少能在工作上直接應用，所以一般企業看大學生都比較注重他們的學習能力，而不是來自於哪一個專業。

當年我在渣打銀行當人事主管，銀行對公貸款業務的總經理是一位畢業於動物學系的女強人，很湊巧地，新加坡發展銀行（新加坡最大的銀行，在臺灣叫星展銀行）的對公業務的總經理也是畢業於動物學系。動物與貸款根本是兩碼子事，我不知道星展銀行老總的背景，但是我知道渣打銀行的總經理是大學的學生會主席，她在念書的期間就懂得理財，完全不需要向父母索要生活費。

那麼，我在這裡先分析一下，新鮮人在大學裡應該學會什麼？

第一、學習分析問題和解決問題的能力

上大學就是學習一種分析問題和解決問題的能力，能培養莘莘學子們的思考力。雖然大學科系可以說是五花八門，但是他們都具有一個「殊途同歸」的使命，就是讓學子學會怎麼分析和解決問題。

在大學裡，我們可以和同學們切磋，探討問題，碰撞出思維的火花，這將為我們未來在職場上的發展提供很好的訓練。在大學裡，人才密集，可以聽到不同的聲音，我們的知識，我們的視野，都可以被拓展。

二十世紀是工業時代，所有的工作流程都受到規範化，人和機器都是機械般地在運作，思考的能力可能還不這麼重要；但是在二十一世紀的知識經濟時代，我們的競爭力就是思考力。當然，除了思考力之外，我們還得有技能和高尚的品德，我們未必能找到跟我們在大學裡所學的專業對口的工作，但是，只要我們學會了如何思考、測試、分析，將事情很好地歸類，再加上工作上所學會的相關技能，你就能在職場上邁步馳騁。

第二、學會待人處事之道

特別是那些積極參與社團活動的大學生，他們會更有深切的理解。他們在與同儕來往和共同舉辦活動的過程中，無可避免地彼此會發生摩擦，因此他們得學會從不同視角看問題，學會寬容，學會溝通，學會與人合作把事情做好。

正因為是在大學的環境裡，相對單純，是磨練自己的最好場所，也是進入職場前的最佳過渡階段。有了這些經驗，進入職場後就能比較快適應，也能夠較圓融地處事。

第三、學會主動

在大學裡我們具備了思考力，學會了待人處世之道外，還要學會主動的能力。因為上大學之後，就沒有太多約束了。我們不去上課，老師管不了；我們的報告不交，也沒人盯；我們住在宿舍裡，沒有父母約束我們，我們可以選擇去玩耍或者到圖書館去唸書。

在大學，我們學會了主動學習，主動獲取知識，這種當家心態到了職場

上是非常重要的。假如你始終抱持著老闆不叫你做你就不做的態度，那麼你的工作表現肯定就不如那些自主自發的同事。所以我們經常說，你的工資是由你自己決定的，你願意付出多少，你就會得到多少。因為沒有一個老闆會那麼傻，明知道有一個好員工還不主動地給他加薪和提拔。

　　如果讀者們在大學裡還沒有學會以上幾點，那麼你真的要好好看這本書了，趕快惡補吧！

　　我建議，大學生在校期間應盡量參加活動，與別人溝通，培養社會意識，在假期多找實習工作，去瞭解不同工作的要求，當然最好的是找到與你以後工作有關的公司去實習。最好我們在進入大學之前就應該先想好以後的出路，不要等到大學畢業才問自己到底要做什麼？適合做什麼？會做什麼？那就已經太晚了。

Note

專訪北京理工大學MBA
劉之涯特約教授

劉之涯先生是前誠信達電力安裝公司總監、吉林德順房地產公司總監、河北玄武集團總經理。他是南開大學的哲學研究生，精通文史、詩詞、繪畫，對儒釋道有精闢的瞭解與鑽研，現任北京理工大學MBA東方管理智慧主講教授、哈爾濱母親教育協會總顧問、哈爾濱團委特聘國學專家、北京東方啟智企業家沙龍管理文化導師等。

Stella 您認為求職者應該注意什麼呢？

劉之涯 大學的課程教育和社會真實的職業需求存在著一定的差異。別認為在大學把課程學好，得到很好的分數，就已經為進入社會、進入各個行業做好了準備。

首先，在進入社會之前，一定要對自己已經具有的知識結構、經驗儲備、業務能力，與職場所需的知識結構做一個全方位的反思。你要知道，剛畢業的求職者社會經驗和職業經驗非常缺乏。但是知識結構缺乏得比較明顯，本科畢業生如此，碩士生、博士生也不例外。不是說自己有100分，成績很好，有高學歷的光環，就等於做好了進入社會的準備。職業所要求的知識結構並不高，但是要很紮實，要能夠付諸於實行，能夠靈活運用。所以有些大學生在學校成績很優秀，態度也很積極，但是在職場上卻還不如一些成績比較普通的學生。因此，大學生應該在知識結構上針對自己的目標職業、目標職位的要求，做一個全新的反思，然後按照職業的要求重新增進和完善自己的知識結構。

第二，在心態上要有心理準備。知道自己的知識、經驗和業務能力都不

足。知道自己不足的人，才會有很好的抗挫力。現在很多大學生過於自信，認為自己什麼都能做，然而一旦遇到挫折就怨天尤人，推諉責任，不能反觀內求，這種自信是要不得的。相信自己有不足之處可以為未來進入職場做好準備，這種心態就是負責任，是最積極的自信。

第三，要相信自己能夠透過自己的努力達到職業上的要求，相信自己不管職場上的環境有多麼惡劣，都能夠堅持住。目前的現狀是，很多的大學生一旦遇到挫折就換工作，甚至有人一年換三次。這些人對社會、對別人有看法，因為他們換工作的頻率太快，所以漸漸產生了對職場畏懼的心理。

Stella 那麼企業家應該注意員工的哪些素質呢？

劉之涯 注重細節，有執行力，有與人合作的心態。

Stella 現在有很多人覺得西方的東西不需要學習了，您有什麼看法？

劉之涯 我們的市場經濟體制很不成熟，我們市場經濟的體制跟西方的經濟體制比，我們是幼稚園。中華民族是一個優秀的民族，我們敢於承認自己的缺點而且勇於向所有優秀文明學習。

Stella 我們有很多古聖先賢的書籍和智慧，您會給我們的求職者推薦哪一本呢？

劉之涯 我建議年輕人應該學習《論語》的智慧，而不是《論語》形式上的東西。現在好多國學過於強調形式上的東西，然而我們應該學習和運用的是古聖先賢所留下的智慧。

在學校裡我們都在忙著讀書，追求高的分數，拿到好的學位。現在我們做的事情卻與古聖先賢的教導背道而馳。《弟子規》開頭就說：「聖人訓、守孝悌，次謹信、泛愛眾，而親仁，有餘力，則學文。」就是說要先學會待人處世之道，如果還有餘力再學知識和技術。可見知識的儲備固然重要，但相較於品德而言，其位次之。

 職位分析

我們對某個職位有興趣，就應該去做更深入的瞭解。以下的問題可以透過網站或者與「關係人」溝通來得到相關訊息。在面試的時候，我們也可以對這些問題有進一步的瞭解。

1. 公司設立職位的目的。

2. 工作的職責和內容。

3. 職位的彙報關係和領導風格。

4. 職位的權力：例如財務權，人事權，決策權，管理權等。

5. 職位的對外關係：例如與政府和供應商等需要什麼樣的溝通。

6. 職位的任職資格：例如學位、性別、年齡、工作經驗、知識與勝任力。

7. 工作的條件：例如是否是勞力活，出差的頻率等。

8. 工作的特點：例如工作的獨立性，是否需要創意或者經常分析解決問題等。

9. 職業發展：這是指工作的前景，是否可以有輪調或有晉升的機會。

10. 薪酬待遇：瞭解該公司的薪酬與同行業所處的薪酬水準。除了底薪之外，也包括了福利、補貼、分紅等。

11. 公司的企業文化與員工關係。

12. 培訓。

 什麼是勝任力？

在企業，老闆最注重人力資本，他們不惜花上鉅資和時間來培養有潛質的員工，使他們的能力提高，為公司創造更大的效益。

而勝任能力可以分為：(1)知識：指對工作所需的資訊和事物的瞭解；(2)技能：指天賦和完成工作所需的能力和經驗；(3)態度：指完成工作的態

度與行為方式。勝任力模型都會符合公司的具體需要，有一定的指標和考核標準。

在制定指標的同時，公司也會設定每個職位所需的熟練度來考核員工。對於每一種勝任力，公司都會對員工做測評和給予個性化的培訓來幫助他們提升，員工除了要自己評估自身各方面的能力，還需得到上級、同級和下級的評估。

勝任力也分不同等級，每一個等級都有標準。例如你表現的這個能力是基本的還是到位的，是你的優勢？還是你的強項？公司都會給予清楚的定義和考核標準。而員工要提升每一種勝任力，可以透過上課，透過與同事學習，或者在工作中學習，在工作中的學習占70%。在這裡我要說，如果你沒有進步，不要歸咎於公司沒有給你培訓、沒有替你製造相應的環境；你必須做一個主動的員工，自己去尋找如何在工作中成長的方法。例如你可以去尋找導師，你可以要求輪班換調來增加自己的實力。

求職者一般對工作的勝任力和職業描述感到茫然，但是我無法在這裡把所有的職業描述和勝任力一一加以細述，我只能選幾種職位向大家說明，你可以上網或找朋友去瞭解更多的相關訊息。

a. 財務部

財務部主要負責公司的會計核算、財務分析和管理、稅務管理、預算、成本管理、應收帳款、往來帳戶管理和出納等。一般剛入職的財務人員會分配到以上不同的工作項目，他們必須要有會計本科或者專業文憑。而財務經理級的責任主要在於預算、法律法規和管理的工作；財務總監（CFO）的職責偏重於策略性的工作，資金運用的效益、現金流、與銀行、審計和相關的政府部門協調，一般都必須要有CPA（註冊會計師）、ACCA（英國特許管理會計師）、CFA（註冊金融分析師）、MBA或者CMA（美國管理註冊會計師）等的資格。 除了專業的資格之外，財務人員一般都必須具備分析能

力、處理細節的能力，以及溝通能力，並且要對相關的法律有認識。

b. 人力資源

人力資源可以分為六大模組：(1)人力資源規劃、(2)績效考核與實施、(3)人員招聘與配置、(4)培訓開發與實施、(5)薪酬福利、(6)員工關係管理。

人力資源人員應該對國家政策和法律法規有深入的瞭解，以洞察國內人力資源發展趨勢，有良好的溝通能力，並能善用資源。

c. 行銷與銷售的不同

銷售人員一般具有良好的溝通能力，能夠確認客戶的需要並能闡述產品的特色，他們在個性方面較具有耐心，願意付出很大的精力和時間取得銷售成果。他們的成功欲一般要很強大，才能夠扛得住業績的壓力。

而行銷的對象是公司的整個目標市場，注重企業整體的形象與市場的研究。例如客戶的購物心理，目標價位，確定產品的定位等。行銷部門是為銷售部門服務的，銷售的對象是具體的潛在客戶，與客戶建立合作關係，傾聽客戶的具體訴求是他們工作的主要內容。行銷更多得靠創意和分析，而銷售則是靠更多的專業和人格魅力。行銷部門的職責可以分成市場，廣告，路演（Road Show，現場營銷），媒體等。

不同的工作，所要求的勝任力是不一樣的。在這裡我們截錄Henry T.Kasper[11]勝任力模型的部分內容。

---

[11] Henry T.Kasper <Matching yourself with the world of work:2004>

個人與工作特質重要性指標

	個人技能						職業特質			
	藝術	溝通	人際關係	管理	數學	科技	經濟效益	工作環境的危險性	室外工作	體力
行政經濟	△	●	●	●	◆		△			
營銷經理	●	●	●	●	●	△	●			
人事經理		●	●		△		△			
會　　計		◆	◆		●		◆			
財務經理		●	●		●	△	◆			
電腦程式設計師		◆	△		●	●	◆			
設　計　師	●	◆	◆		●	●	◆		◆	△
環境工程師	△	●	△						△	
公關經理	◆	●	●		△					
快銷銷售員	△	◆	●				◆			
食品科學家		◆	△	◆	●	●		△	◆	△

●──非常重要；◆──相當重要；△──基本技能

 ## 小馬求職記

　　狀況：小馬是某著名大學工科學院的學生，一年後就要畢業，但是他不想在本專業繼續發展，也不知道自己對哪個行業和工作有興趣，更不知道自己能夠勝任哪些工作。

上網

　　小馬先從瞭解自己開始，他填寫了本書的「如何更好地瞭解自己」與「個人資料表」，知道了自己的職業傾向，然後上網搜尋了大量資料，他得到很多有關職位、行業和企業的基本資訊。小馬也註冊了很多求職網站，例

如104／1111／518人力銀行、ejob全國就業e網、yes123求職網等。透過這些網站的工作搜尋引擎，他更加瞭解了行業類型和職業種類的具體情況。他覺得諮詢行業很有挑戰性，對這個行業產生了興趣。

請教朋友

接著他去請教他的好友小楚，因為小楚剛被一家知名的國際管理諮詢公司錄用為分析員。這是一個非常明智的做法，我建議，大家在找工作的時候要多與相關人員溝通，多方瞭解，才能夠對職業有一個更深刻的認識。

小楚很生動地介紹了諮詢行業。她說，諮詢顧問就像醫生，他們為企業診斷問題，診斷過後，幫企業提出解決方案。如果情況沒有好轉，就繼續觀察治療，形成長期的合作關係。

管理諮詢公司的種類大致上可以分為戰略（Strategy）、營運管理（Operating）、資訊技術（IT）、電子商務（E-Business）和人力資源（HR）等五種。著名的公司外企有麥肯錫（McKinsey & Company）、波士頓諮詢（BCG）、埃森哲（Accenture），以及一些中國著名的諮詢公司，例如北大縱橫、正略鈞策、和君諮詢及華夏基石等。

小楚正在做手機廠商管道管理的專案。小楚在專案前期，需要努力幫助她的上司做BD（Business Development）的工作，也就是尋求客戶、拜訪客戶，瞭解客戶的需求並提出服務的範圍。在得到客戶承諾合作的意向和合作的內容之後，小楚協助上級準備合約條款。等到客戶簽訂合約之後，她就負責上級指派的任務，這包括為客戶說明、選擇最合適的解決方案、解決客戶的問題、給予客戶系統上的支援。小楚還需要準備會議記錄，檢查和草擬合約。

小馬知道了作為諮詢顧問必須要具備三種個人的核心素質。第一，要努力學習，要學得快，熱愛學習，因為在做諮詢的過程中要瞭解許多自己之前從來沒有涉及到的事，例如客戶的行業特質、行業操作流程，這些都是很具

挑戰性的。作為一名諮詢顧問，你沒有藉口不知道，所以要努力地學習，要天天學習，力求成為客戶所在行業的專家。第二，要積極溝通和有團隊意識。作為分析員，小楚幾乎超過一半的時間都在與別人溝通（請參見「諮詢分析員的一天」）。她必須具有積極的心態讓客戶、同事都喜歡和她合作，共同把專案做好。第三，作為諮詢分析員要有堅定的特質（Assertive），所以諮詢分析人員要在平易近人（nice）與堅定（Assertive）之間取得平衡。

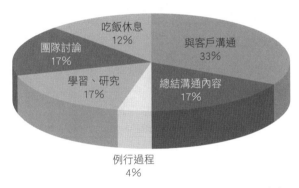

諮詢員的一天（不是8小時，是12小時）

諮詢分析員的勝任力

小馬自己總結了作為諮詢分析員所需的勝任力。當我們在找工作的時候，就要瞭解自己理想的工作所要求的勝任力。而諮詢師的勝任力是：

1.很強的溝通能力，能夠與客戶溝通到位並且說服客戶接受建議。

2.能夠與團隊合作；能夠得到同事的幫助。

3.淵博的知識與分析能力。諮詢分析人員必須在工作中不斷地學習和成長才能達到這個要求。

4.把細節做好，要有很好的語文底子和嫻熟的電腦技術。諮詢分析人員所提交的報告都必須有一定的專業度。

　　在這裡我們將上面所提到的勝任力列成一個表格供大家參考。如果你對某個職業有興趣，你也應該花時間去整理相關的資訊，以提煉出它的勝任力表。

　　小馬很高興，他自己總結的諮詢顧問勝任力模式與他在網路上搜集到的一份諮詢顧問的勝任力模式基本相同。網路上所收集到的諮詢顧問勝任力如下：

勝任力表

技能	知識	心態
溝通	對客戶的要求和現狀的瞭解	聆聽和説服力
開拓市場	銷售	注重細節、堅忍不拔
電腦技術	團隊合作與人際關係	雙贏
分析能力和淵博的知識	商業模式、戰略計畫	持續不斷地學習，靈活應變

　　1. 能夠對資料進行合理的分析、解釋和理解：根據有限的、模糊的資料得出結論，並向客戶和顧問解釋已發現的定量結論。

　　2. 關注細節：能夠完整並準確地處理資料，對資料進行編排及雙重審核；能夠校對表格、圖形及文字；能夠在較短時間內審核檔案的細節，對排版及副本進行仔細的複查，使工作準確無誤。

　　3.電腦技能：有能力使用電腦及相關技術，瞭解電腦的基礎知識，以便學習公司中用於資料分析的軟體。

　　4. 忍耐力：能夠且願意在各個細節上將任務堅持到底，即使從事沒有挑戰性或平凡的工作，也能保持持久性、忍耐力和細緻性；能進行長時間不間斷的工作；能夠處理多個專案，即使面對多項任務和最後期限，也保持適當的步伐和節奏。

　　5. 專案協調能力：能夠確定優先次序和組織安排，組織並安排工作任務

的優先次序，同時不失去工作的重心或者偏離方向，制定並實施有效的行動步驟，瞭解要完成工作有哪些必要因素，並優化資源的使用。在參與多個專案或案例時，能平衡各項工作的優先性，並合理制定最後期限。

6. 成功欲：從心底希望獲得成功並勝過別人，能將事情堅持到底，有毅力，不斷累積各種成就，對完成工作充滿熱情，努力達到標準以及同事、客戶的期望。能夠預測客戶和顧問的需要；能在極少的指導與支持下工作；即使沒有他人的讚許，也能保持自信及自重，並長時間保持熱情。

7. 適應力與靈活性：能快速地重新安排計畫（工作計畫及生活計畫），並能對來自顧問和客戶的壓力與意外要求作出反應。

8. 關係處理：能夠和客戶和顧問進行面對面的交流及電話聯絡，獲取與提供資訊；能清晰、明確地簡化並傳遞複雜的資訊，並為自己的觀點進行論證。有良好的聆聽技巧，能體察客戶、同事及他人的情感及言外之意，並做出相應的回應；能發現口頭交流中的重要資訊、注意對方說的事實和細節；能對他人談話中表達出來的情感和擔憂表示理解。

9. 處事得體：不論是在面對面接觸還是在電話接觸之中，都能很好地與同伴、客戶及同事相處；處事鎮定、有策略，能機智地回答顧問的提問；在談判中避免態度強硬，在對抗性的情境下也能保持交流。

能尋找合適的資源完成各種各樣的任務；能清楚地解釋任務，激勵他人、分派任務、建立團隊，並與不同級別的人進行互動。能覺察他人行為的暗示並對此做出反應；能夠洞察他人行為或行動中隱含的原因；能夠分析各級別人員（客戶、顧問、同事、行政人員、賣主以及其他人）的動機、情感，並產生共鳴。

勝任力是每一個老闆都非常重視的素質，小馬在履歷和求職信裡必須說明他的勝任力，在面試的時候老闆關注小馬對這些勝任力的描述，而小馬在公司是否能夠得到老闆的青睞也是取決於他是否能展現出這些勝任力。

諮詢顧問的職業發展

小馬透過與老師和小楚的溝通，瞭解了諮詢顧問的職業發展。一開始進入公司是分析員，工作表現好及有一定的經驗之後，就可以升任為諮詢顧問。諮詢顧問有不同的級別，而且到了這個級別之後，諮詢顧問還可以選擇是否要在技術方面發展，如果選擇這個途徑就可以成為技術諮詢顧問和高級諮詢顧問；如果選擇帶領團隊那麼就可以有機會成為經理乃至於高級經理。可見，加入諮詢行業可以有很大的晉升和學習的空間。

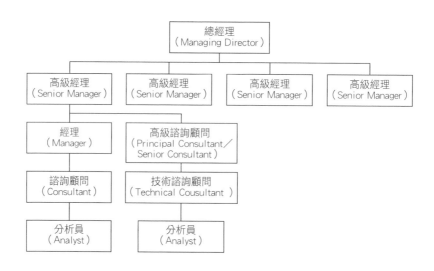

小結

小馬已經為他的職業生涯規劃負起責任了。首先，他先瞭解自己的職業傾向，然後透過網路大量的訊息來瞭解各行各業，之後鎖定對諮詢行業的興趣。但是所得到的資訊肯定是不夠的，所以他向小楚請教，得到了第一線的資訊。透過了對諮詢顧問工作勝任力的瞭解，小馬知道自己雖然是工科學生，還是具備申請諮詢顧問的條件。而小馬的下一步是爭取在畢業之前的假

期，在諮詢公司找到實習的機會。他把履歷和求職信寫好，然後去找他的導師幫忙寫推薦函，他又再次上網瞭解到底哪些諮詢公司在徵求實習生，當然他也會把履歷和求職信交給小楚和其他在諮詢公司任職的朋友，請他們幫忙將自己的履歷遞交給公司的人事部門。

　　為了要加快職業搜尋與成功的機率，小馬還可以跟幾個要好的同學，組成一個小組，分頭查找職缺資訊，以確保發出去的履歷數量可以增加。每個人分頭對求才單位及職位做研究，所得到的資訊會更全面，因此我們一定要懂得資源分享的好處。

Chapter 2

對老闆要求的
素質不瞭解

① 綜合分析能力（Reasoning Skills）

② 因事制宜（Responsive）

③ 有責任心（Responsible）

④ 良好的社交意識（Relational）

⑤ 充沛的正能量（Revitalize）

⑥ 以戒為本（Rules）

⑦ 國際視野（World View）

這一章我們介紹6個「R」和第2個「V」。

第一個R是「Reasoning skill」，即分析能力。首先老闆要聘請的是有遠見的職員，這些職員有前瞻的想法，並且具備清晰的頭腦和分析到位的能力。我們會提供幾個分析問題的方法供大家參考。

第二個R是「Responsive」，即因事制宜。當我們朝著願景前進時會遇到許多不同的困難，我們要像阿米巴蟲（變形蟲）一樣的靈活，一樣的有辦法，同時也要善用資源。

第三個R是「Responsible」，即負責任。老闆器重負責任的人，然而什麼是負責任呢？那是有當家心態，把細節做好，肯負責的員工。

第四個R是「Relational」，即良好的社交意識。我們必須要有很好的EQ，一個好的員工，必須要懂得情緒管理。在執行任務的時候，好員工不會輕言說「不」，他必須要有堅韌的意志，而且還要懂得溝通到位。在這裡我們會介紹EG密碼（Emergenetics）[1]的思考和行為特質，讓讀者瞭解自己和別人的差異，以求更好地和別人溝通與合作，並取得對方信任。

除此之外，好員工必須有正能量，他們跌倒了可以自己爬起來，他們懂得如何替自己打氣「Revitalize」，這是常被忽視的正能量R。要做到這一點，除了要有積極的心態之外，更重要的是常常要提起正念，帶著愛去做人與做事。

最後的一個R是「Rules」，即我們的道德戒律，這是一切的根本。一個沒有誠信的人，一個不懂得謙卑、感恩和尊重的人是不值得信任的。他們在職場上可能得到短暫的成功，但卻很容易被大風吹得暈頭轉向，難以在職場上站穩腳步。

---

[1] 《EG密碼：進入成功的新科學》（Emergenetics：Tap Into the New Science of Success），作者是吉爾‧布蘭妮（Geil Browning）博士，她是一位成功的教育家、國際演說家與成功的企業家。曾多次獲頒成功的女企業家獎項，其公司更在2012年被譽為「最有潛能的企業」。而EG密碼是什麼，在第二章有詳盡的介紹。

此外，我們也要有國際視野（World View）和上一章所提到的第一個V「願景」（Vision）。

我們如何詮釋世界上所發生的事情，是受到我們的背景、文化、價值觀、習慣和個人與群體的想法所影響。我們的世界觀當然也受到了本世紀急劇變化的衝擊，我在這裡會談到雙贏共生的重點理念，以及華人的青年應該如何地真正走向國際化。

在講解這6個「R」和2個「V」之前，我需要說明三個重點：

一，本書沒有談到管理者與經理所需的特別的素質，例如戰略性思維、團隊協調能力、運籌帷幄的能力。我談的是一個好員工所應有的心態。這本書所關注的對象是求職者，所以我們不會談到領導力，潛力和績效考核。員工的薪酬是與工作的表現和職位直接掛鉤的，你是否有潛能，與老闆是否願意培養你，這個題目我在本書裡不涉及，但是所有員工都必須具備6個R和2個V。

二，我不是談你在這6個R所應有的勝任力；我談的不是知識與技能（雖然這裡介紹了不少方法），我談的是態度。你去面試時老闆不可能要求你是每一個R和V的高手，他要的是你有能力，你願意學，而且他更關注你的心態。你去面試，你可以告訴老闆你在這六個R裡的強項，他可以善用你某方面的天賦，但你會把基本員工應具備的R儘量做好，千萬別吹噓自己是萬能的。

三，要做到6個R和2個V，是可以透過學習，天天進步一點點來達成的。老闆要的是那些永保學習心的員工。在這裡我提供兩個小竅門，首先，你要學什麼就下定決心「教別人你要學的」，這樣可以增強你對新事物的瞭解和記憶；其二是要「經常反省」。要知道計畫和失敗都不是成功之母，只有反省才是成功之母。

1.綜合分析能力（Reasoning Skills）

有分析能力的人，一般都有儲存資訊、搜索資訊、將資訊融合對照和執行的能力。他們都能夠準確地掌握現狀，找出問題的原因，想出有效的對策，然後去實行。有分析能力的人所做的決定是理性的，不是感情用事的。他們能夠在事情的表象、概念和海量的資料裡進行判斷和推理，能夠很靈活地把這些資料和資訊連接起來，並很好地進行分析、總結和利用。

老闆要有遠見、有分析能力的員工，這些員工會把公司的願景當成自己的責任，鍥而不捨地去經營。但是他們除了認真執行老闆分配下來的任務之外，還有一個特色，那就是能夠為老闆分憂解難，給老闆出主意，把自己的想法說清楚，然後幫助老闆注意到自己的想法是正確的。他們不給老闆增加負擔，有分析能力的員工與一般員工在遇到問題的時候，他們的思維模式是不一樣的。一般人會馬上想出解決方案，卻忽略了全盤和長遠的影響，或者當遇到問題的時候就手忙腳亂，把問題無止盡的擴大成一個大雪球，在問題上小修小補，而且還會「發現」更多類似的問題，找一大堆的理由來證實自己的做法是正確的。可想而知，這類的員工是不可能被老闆重用的。

分析能力也是可以透過學習改進的，市面上有不少這樣的書籍。例如沃恩‧伊凡斯Vaughan Evans[2]的《Key Strategy Tools：The 80+ Tools for Every Manager to Build a Winning Strategy》，書中有80幾個戰略思考工具是企業家們所喜歡用的。在本章，我將介紹一些個人可以用的方法，它們能夠幫助讀者把看似複雜的問題，經過理性的梳理後，變得簡單化、規律化，從而能輕鬆、順暢地解決。以下是ABCDE法則、思維導圖、魚骨圖和

---

[2] 沃恩‧伊凡斯Vaughan Evans是著名的戰略顧問及作家，其2013年新作《Key Strategy Tools: The 80+ Tools for Every Manager to Build a Winning Strategy》已成為諮詢界必備的參考書。他曾為Arthur D.Little 及Bankers Trust做顧問工作。Vaughan是劍橋大學及倫敦政治經濟學院最傑出的研究生。

循序漸進的操作方法，希望對你有所幫助。

ABCDE法則

　　一個好員工，在接到任何任務的時候，如果能夠抱持著樂觀的心態，自然很好。但是人也難免會感到沮喪，尤其是當我們感到力不從心，或者在人際關係中遇到不如意的情況時，都可以引用「ABCDE法則」來為自己解開心結。

　　在這裡我介紹馬丁教授（Martin Seligman）提出的ABCDE法則。所謂的A、B、C、D、E分別是「困境」、「想法」、「後果」、「去辯證」、「激勵自己」，每次遇到問題的時候，就把這五個部分的想法分別寫下來，然後按照想法的強烈程度從0到100給它們打分數。說明如下：

　　困境（Adversary）：是指遇到困境的時候，要把困難寫下來。例如你畢業了還沒有找到工作，每個月的開支都要跟父母伸手拿，為此感到非常沮喪，這的確是一個困境，這個困境會一直持續到你找到工作為止。但是在這個過程中，你是否就因此意氣消沉，萎靡不振呢？你可以用ABCDE法則，先把問題列出來，例如，「每個月交不出房租，必須跟家人借錢，覺得很丟臉」、「你沒有閒錢去買正式服裝參加面試」、「在一個月內找到合適工作的難度很高」。

　　想法（Belief）：把你遇到困境時的想法逐條地寫下來。例如「我得向父母借錢，他們已經在那裡冷言冷語了（100分）」、「沒錢買正式服裝，很不體面，不能建立專業的形象（70分）」、「我到現在還沒有接到面試通知，在一個月內找到工作大概是不可能的了（70分）」、「我真的不敢多想（80分）」。

　　後果（Consequence）：將這種想法的結果寫出來。「我覺得很不安，每到月底我就睡不好覺（100分）」、「沒有正式服裝，我都不想去面試了

（50分）」、「我的意志消沉（70分）」。

去辯證（Disputation）：就是換一個角度思考你的問題。「爸爸媽媽只是在鼓勵我，他們的怨言是可以理解的，他們會給我時間（100分）」、「我只要把衣服洗乾淨熨燙好，整潔形象與正式服裝一樣重要（80分）」、「聽說公司歡迎那些可以馬上上班的（80分）」、「我之前可能設定太高的要求，可以去多打聽，天無絕人之路（70分）」。

激勵自己（Energize）：「我覺得好一點了，雖然我還是有點焦慮，我確實不應該放棄，應該更積極地找工作，我可以跟父母多溝通，讓他們瞭解我的處境，增進我們的感情，我在各方面都很不錯，只要多投履歷，多請人幫忙，機會永遠是我的（100分）。」

再引用一個ABCDE法則來說明我們如何把心結打開。瑩瑩想帶女兒到國外度假，但先生卻說想裝修房子（困境），這時候瑩瑩的信念是先生不愛她（想法），瑩瑩跟先生大吵大鬧（結果）。瑩瑩應該檢討一下她的信念是否是言過其實？是否是消極的？她可以找一些事例來（辯證）以上的想法。

例如先生要裝修房子也是為了讓她住得更舒服一些，而且裝修房子的計畫在一年前早就提過（辯證），不是先生故意找她麻煩。得到了這個新的結論，瑩瑩就可以心平氣和地跟先生商量了。她可以跟女兒在國內旅行，把一部分的錢省下來做局部裝修；或者她把女兒叫回家，一起度過溫馨假日（激勵自己）。

放射性思維

英國人東尼・博贊（Tony Buzan）❸的思維導圖（Mind Map）適用於思

---

❸ 東尼・博贊（Tony Buzan），英國人，是思維導圖（The Mind Map）的創始人，立志要將思維導圖方法推廣到全球，其著作與課程在全世界都很風行。

考、讀書和做會議記錄等。我就經常用思維導圖的方法來考慮事情,它能讓我在考慮問題的時候用發散性思維而不是把問題盯死在一個念頭上。舉個我自己的例子來說吧!(可以參考下面的圖表)

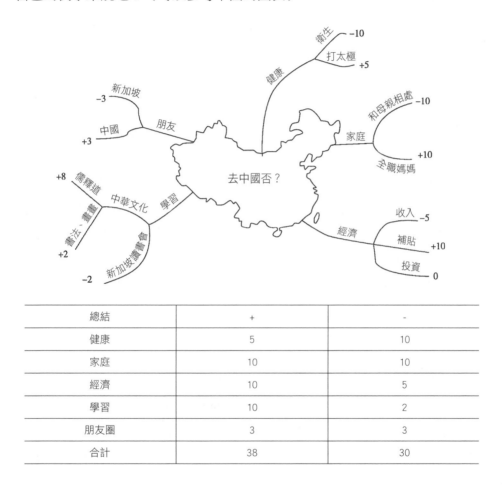

總結	+	-
健康	5	10
家庭	10	10
經濟	10	5
學習	10	2
朋友圈	3	3
合計	38	30

　　十年前,我的先生告訴我,公司要外派他到中國工作,問我要不要去,於是我滿腦子都在想中國的衛生問題,就在這個點上糾結不清。一般的人都是這樣的,他們只會想到一個點,卻沒有看到全盤,所以做出的決定都是片面的。我便利用思維導圖來思考這個問題。首先我畫了一個中國地圖,然後

在圖的中間寫「去中國否？」。接著在地圖的外面畫了幾個主要的分支點：健康、家庭、經濟、學習、朋友。

在健康這個主題裡我又想到兩個分支點，一個是衛生問題，一個是我可以在中國學習太極拳，鍛鍊身體；在家庭方面，我不能經常地和母親聯絡，去看望她和照顧她。但是，到了中國之後需要做全職太太，可以給孩子更多的時間；在經濟方面，我在渣打銀行上班，收入不菲，離開後這個固定收入就沒有了，但是先生的公司會給我們一家適當的外派補貼金。在學習這個主題上，有兩個支點，一是無法參加新加坡的學習小組，二是可以學習中華文化。在這一支點上我又分了很多的小支點，例如我可以學儒釋道、中國畫和書法。在朋友這個主題上，去中國後我會與新加坡的企業家的關係變淡，但我又想到我還是可以在中國結交新朋友的。接下來我給每一條項目打分數，然後我做了一個統計，結果赫然發現，加分比減分更多，多出了8分。當我最後告訴先生我會支持他去中國的時候，他非常地高興。一般聰明人都不會糾結在一件事情上，但我並不聰明，所以就需要靠思維導圖作為分析問題的工具，不然就會因為糾結在健康這一點上，就跟去中國的機會失之交臂了。

簡潔直觀的魚骨圖

魚骨圖（Ishikawa Cause & Effect / Fishbone Diagram）是一個很好的分析問題的方法，讀者可以在網路上找到詳細的做法。我在這裡簡單地敘述一下：首先，用一根直線畫出大骨指向魚頭，在魚頭寫上目標。然後畫出中骨和小骨，在中骨寫上主要的考量因素，而在小骨上填上具體的方案。並確保大骨和中骨成60度夾角，小骨與大骨平行。

舉個例子來說：當一家工廠出現了產品品質問題，那麼在魚頭上你就寫上「提高品質」。在大骨上你可以透過腦力激盪（Brain Storming）的方法列出支點來寫在中骨和小骨上。一般用魚骨圖的人，會用多個「M」思考解

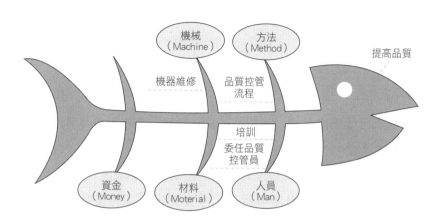

決方案。例如，方法（Method）、人員（Man）、機械（Machine）、材料
（Material）、資金（Money）等。將這些考量方向寫在中骨，然後在每個
小骨上寫解決方案，例如在人員方面你可以加上「培訓和委任品質控管
員」；在方法上你可以填上需要做好「品質控管流程」；在機械這一點上可
以寫上「機器維修」。因為網路上有很多關於魚骨圖的介紹，我就不在這裡
贅述了。

循序漸進地思考

　　一般人們遇到問題的時候就會亂了陣腳，沒有用理性的思維去分析問
題，同時也沒有用資料作為依據。當這些都是猜想的，結果當然是造成錯誤
的判斷。另外有些人則是遇到問題，就列出一條又一條的解決方案，在死胡
同裡打轉，結果一樣是治標不治本，忙得昏頭轉向，卻不知道自己在瞎忙什
麼，當然也就沒有成果了。

　　因此多年來，我總結了各種分析方法，依據以下循序漸進的步驟去思考
問題：(1)認清目標：知道自己的目的是什麼，要解決什麼樣的問題，然後去
搜集資料，就能清楚地知道自己的目標與現實的差距是多少。(2)天馬行空：

從多方面思考解決方案。我會把各種想法都羅列下來，然後加入資料、去檢查這些解決方案的可行性。(3)建立正能量圈：讓朋友來支持和幫助我。(4)列出行動方案。

根據我上面所說的步驟，我們可以舉一個例子來說明（詳見下圖）：小馬要參加姐姐的婚禮，想買一件像樣的西裝，他看中的一套價值9,500元，但是網路上訂購是8,000元，這還是很大的挑戰。因為小馬每月只能夠省下1,000元，而姐姐的婚禮只剩兩個月就要舉行了，也就是說，小馬在兩個月內只能省下2,000元，那麼8,000元減去2,000元他還需要籌到6,000元，小馬明確這是他要達成的目標後，就天馬行空地去想各種方案來解決問題。

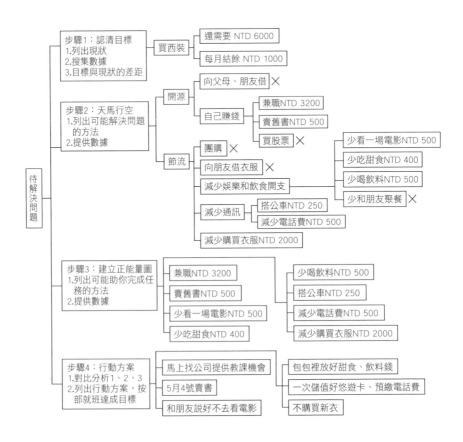

首先，可以開源。開源的方法可以是「向父母借錢」、「向朋友借錢」，小馬雖然把這個方案寫了下來，但是在這個方案上打了一個叉；他想到另外一個開源的方法是「自己賺錢」，「自己賺錢」又有很多支線，例如，兼職、賣舊書和買股票。

然後他又畫了另外一條主線「節流」，就是要節省開支。在節流這條線上他又畫了很多支線，例如團購、向朋友借衣服、減少每月的娛樂和飲食開支、減少通訊和購買衣物的開支。在「飲食開支和減少娛樂」上，他又寫上其他支線，例如少看一場電影，少喝飲料，少吃甜食，少和朋友聚餐；在「減少通訊」的支線上，他加了兩條分線，一是搭公車，二是減少電話費。

列完這些想法之後，另一個步驟就是把資料填上。他決定多接一些培訓課，在這兩個月可以賺3,200元；他把宿舍多餘的書籍拿出來算了一下，賣了可以賺500元；因為沒有投資經驗，所以他不買股票了，而且他也沒有錢投資，這一項就被打上叉。

在節流方面，他努力地去看有沒有團購，但沒有找到；朋友也沒有像樣的西裝能借給他，所以他決定要在娛樂和飲食方面節約。例如，他很愛喝飲料，他算一下過去每個月花在飲料上的費用是500元左右，他不可能完全不喝飲料，但是他會克制這方面的開支，每個月只願意花250元，用完這個預算，他下定決心堅決不透支。假如可以做到的話，兩個月下來可以省500元；小馬也有個壞習慣，喜歡吃甜食，他決定趁這個機會杜絕讓他變胖的食物，兩個月下來可以省400元。和朋友聚餐，小馬不願意減少這方面的開支，因為他其實也沒有花上很多錢，每個月跟朋友聚餐兩次只花500元，他還是決定不省這個錢。小馬每個月跟朋友看一次到兩次電影，為了買這套西裝，他決定兩個月不去電影院，兩個月可以省500元左右。在通訊費用上，小馬決定不煲電話粥，過去電話費要500元左右，現在言簡意賅地跟朋友講話應該可以省一半，也就是說兩個月可以省500元。小馬發現，搭捷運和公車的時間差不多，但是捷運的價格是公車費的將近兩倍。過去，小馬都是搭捷運出門，所以，如果過去的

他儲值250元的交通費在一個月內用完，那現在改坐公車，兩個月就可以省250元。小馬每個月都替自己購買新衣，他在過去的六個月平均每月花費1,500元，小馬覺得現在的衣服已經夠用，在衣著方面如果可以省下1,000元，那兩個月就有2,000元了。

把這些數目總結一下，小馬赫然發現，原來他在兩個月內可以籌到7,850元，而他只需要6,000元，小馬非常高興。這些資料都是小馬先把假設列下來，然後去搜集資訊，分析和檢驗資料所得的結果，這是完全可行的。

接下來，他考慮到需要找朋友幫忙和支持他的目標。他請好朋友提醒他不要吃甜食、喝飲料，他提前告訴和他看電影的好朋友，這兩個月不進電影院，請他們諒解。他很自豪自己在完成這個目標的過程中，在身邊打造了正能量圈，讓更多人支持他。

最後，他才列出各種細節，例如哪一天賣書，哪一天去找公司多排課。同時提前儲值好悠遊卡，清楚這兩個月他只能花這麼多錢；他也給手機通話費預留了500元，並且在手機上設定通話時間提醒。他用一個零錢袋放了兩個月的飲料和甜食費，每次買甜食和飲料，就由這個袋子拿出來，這樣就可以很有效地控制兩個月的花費。

上述所說明的，大家可能都會認為太簡單又太瑣碎了，我明白。但是大道至簡，每個人都知道，卻沒有去做，或者做的時候不願意去尋找過去的資料和經驗來作為參考，或者考量的方法並沒有量化、沒有用資料作為支撐，僅僅只是在空中蓋樓閣，想出來的解決方案就會沒有依據。請一定要依據以上循序漸進的步驟，不然就很容易打亂計畫。國外有一句話說：「Bulls in the China Shop」，意思是說當一隻公牛撞進了一家陶瓷店，就會成事不足敗事有餘。

2.因事制宜（Responsive）

我們前面講的是分析能力，是對各種資料能夠靈活運用的能力。當企業有了願景，當個人有了願景時，便會設定目標，有順序地去達成。但世間事不如意十之八九，當我們在追尋自己的理想時，難免會遇到挫折，更何況我們處在21世紀變化萬千的局勢中呢？「嫦娥一號」、「嫦娥二號」從地面發射到進入月球軌道，在繞月飛行的過程中就轉換了幾次的軌道，這麼高科技的機器都需要不斷地修正了，那麼我們在工作上，難免要根據實際的市場情況來不斷地更新我們的想法和計畫！因為從來都不是時勢造英雄，而是那些能因事制宜的人才能成為英雄。因此，具備靈活運用資源（Resourceful）與變通（Flexible）的心態是非常重要的。

 ### 靈活的阿米巴蟲

我在這裡要介紹阿米巴（Amoeba）原理，阿米巴原理是日本京瓷的創辦人稻盛和夫❹的經營理念。阿米巴蟲是一種變形蟲，生存能力非常強，它能夠在有水、有空氣或者有土壤的環境下存活，特色是可以跟其他的阿米巴蟲結合，也能夠分裂成兩個阿米巴蟲。在環境惡劣時，阿米巴蟲會形成一個囊，囊外面包覆著一個保護層；當環境變好時，囊就會裂開，重新變成蟲。阿米巴蟲給稻盛和夫很大的啟示──我們做人做事就是要靈活，要學會變通來適應環境，要懂得跟他人結合共事，或者成為單獨的個體。

---

❹ 稻盛和夫於27歲時創辦了日本京都陶瓷株式會社（現名京瓷Kyocera），52歲創辦了第二電電（原名DDI，現名KDDI，目前在日本為僅次於NTT的第二大通訊公司），這兩家公司都在他的有生之年進入了世界500強，兩大事業皆以驚人的幅度成長。

中國著名商業評論家王育琨[5]老師在《答案永遠在現場》這本書裡介紹了稻盛和夫如何把公司分成很多個阿米巴，每一個阿米巴都是為了某一個特殊專案而建立起來的；每個阿米巴要獨立經營、自負盈虧，專案完成後就自行解散，每個員工都是阿米巴的一員，工作人員也可以加入很多個阿米巴，阿米巴解散後其中的人員再和其他人結合，建立新的阿米巴。這種組織方式讓稻盛和夫經營的京瓷集團在國際併購中大放光彩。「阿米巴」制度的目的主要有三：一是儘量減少冗員，有效應對環境變化；二是透過扁平化的組織，加強溝通，減少官僚主義，提高員工的能動性；三是培養「地頭力」人才。

一個好員工會活潑且主動地去處理問題，將危機轉化為機會。這裡的關鍵是善於運用資源，好員工會強化自己的核心技能，把自己不能做的外包給別人去做。

我在國際視野裡將會提到丹尼爾・平克（Daniel Pink），他認為未來的組織是扁平的，人與人之間要建立更多連結，每個人都要替自己打工。而這個觀念與稻盛和夫所提倡的阿米巴原理是不謀而合的。

靈活運用資源的人會整合周邊資源，隨著環境的改變思考如何與人合作。而願意變通的人，可能沒有太多的資源，但是他是謙卑和有智慧的，他願意放棄行不通的方法，不一意孤行。

變通的人都必須清空一切成見、經驗、教條、束縛，然後對現實問題做出反應，並能創造性地解決問題。變通的能力是生存的第一技能，而與變通能力相關的能力是創意。創意來自於好奇心，多數人活在「面子」裡和「知道」裡，他們活在自以為是的狀態裡，如此是不可能創新的。內心強大的人，有著活潑的心態，將他們好奇的心門打開了，創造力就能水到渠成。

❺ 王育琨為著名管理專家、商業評論家。原中國國務院發展研究中心研究員、世界銀行顧問、美國福特基金會中國城市發展與管理專案負責人，曾任知名集團公司副總裁。現為經理人商學院院長、首鋼發展企業研究所所長，中國併購業公會學術委員會委員。著有：《答案永遠在現場》、《商業領袖底蘊》、《企業的山脈》、《垂直攀登》、《強者：企業家的夢想與癡醉》、《全球化之舞》等。

此外，變通也和一個人的信心有著很大的關係。那些自尊心過強、自負的人，不願意承認自己的錯誤，就會跌入自己的陷阱而越陷越深。然而一個變通的人，就算他走錯了路，也會願意回頭，承認自己的錯誤，然後再重新出發，這是一種多麼坦蕩的心態呀！所以我們要知道做任何一件事情，都不可能一步到位，都必須靠不斷地嘗試和吸收錯誤的經驗，透過修正，才能夠達到成功。

一個好的員工必須要把個人的壞癖收起來，例如你上班老是遲到，就要把這個習慣改正過來，才能成為受歡迎的阿米巴。我們必須放開胸懷，去瞭解和包容與我們不一樣的想法和行為，認知到沒有完整的個人，只有完整的團隊。透過加強自身的優勢，再加上與別人的強項互補，才能夠腦力碰撞出更好的解決方案。也就是說，我們必須海納百川，結合他人的特長，組成一支全能的團隊。你要當一個阿米巴蟲，就是變形蟲，而不要當一隻變色龍，不要逾越道德的底線。

在遇到危機時，一般人都會固執己見，會因為壓力大就亂了陣腳。而因事制宜就是把精力放在解決問題上，不斷地嘗試解決方案，一邊著眼大局，一邊解決燃眉之急。用一個比較生動的例子來說明吧。大樓著火了，誰都知道要趕快離開大樓，但你能否衝出大樓還要取決於其他諸多因素。例如，濃煙可能導致你窒息，所以你的當前之務是要一邊往大門外跑，一邊注意避免吸入過量的濃煙，那才是求生之道。

Irene是我的朋友，她的哥哥是一位著名的設計師。10年前哥哥在新加坡的中央商業區（CBD）外投資建造了一棟非常漂亮且商住兩用的SOHO大樓，Irene是這棟大樓的總經理。這個辦公室建成之後恰逢經濟蕭條，租不出去，也賣不出去，銀行的利息已經把哥哥壓得喘不過氣來，哥哥很著急，周遭的人——銀行家、房地產經紀、親朋好友都說，現在經濟狀況不太好，你這棟的位置沒有在CBD裡面，而且離電影院和公車站很近，周圍比較混亂，不夠高檔次，所以

租和賣的難度都很高，勸哥哥儘快把大樓脫手。於是哥哥決定要把這棟大樓以成本價2,000萬新幣（折合台幣約5億元）賣出。

Irene是一個有遠見的好員工。她從多方面解說給哥哥聽，告訴哥哥這棟樓的價值絕對不止2,000萬，她認為至少可以賣4,000萬（折合台幣約10億），哥哥卻認為她異想天開，因為他心裡想的就是不要破產，不要被這個房子的利息給壓垮。他不想再拖了，因為他急需用錢。

Irene是標準的好妹妹、好員工。一般來說，家人一起共事，尤其是當經濟出現問題、意見分歧的時候，最容易鬧翻，但是Irene很有耐心地跟哥哥分析她的想法，她說這棟樓的價值應該不比在CBD裡面的同等檔次的房子差。因為在新加坡住在CBD裡的人，車輛每天進出CBD都要支付電子公路收費，而哥哥所建的那棟樓恰好在CBD外面，是很有優勢的。Irene告訴哥哥她會想方設法，利用這棟樓收租，籌集資金來償還銀行的利息，等到經濟復甦後才賣樓。

這段期間，我親眼目睹Irene過得很緊張，她不敢聘請太多的員工，當有需要的時候，堂堂一個前渣打銀行的培訓主管，竟然做起清潔工和守衛。她也跟不少的地產仲介打交道，把大樓裡的房間儘量租出去，有時候也把部分的樓層租出去做會議和培訓用途。Irene從來不給哥哥增加壓力，很多時候也沒有向哥哥要薪酬。那是一個漫長的6年，在這期間，當然有人想要以賤價買下哥哥的大樓，但是，總是陰錯陽差地無法成交。

三年前，Irene終於成功地把這棟大樓以新幣7,000萬（折合台幣17.5億元）賣出，大家都非常讚嘆Irene的遠見和靈活，她能因事制宜，並努力不懈地幫助哥哥賺到三倍的利潤。

老闆的確需要有遠見、靈活又肯付出的員工，Irene的故事是一個靈活變通的好員工如何幫助老闆的最經典案例。

Note

前渣打銀行培訓主管
Irene

Irene Wee（Wang Shui Rong）曾任新加坡培訓與發展機構的主席，她是前渣打銀行的培訓主管，前Incity Lofts的總經理，現在是I-reneW的創辦人，這是一家專門替企業做創意改變和策略諮詢的公司。她也是新加坡繼續教育協會（SACE）的副主席。我和Irene在渣打銀行共事多年，我向她請教了以下問題：

Stella ▶ 為了要適應環境，或者説要在殘酷的競爭中生存下來，有時我們要因事制宜，那麼這種變通是否可能會被認為是沒有原則？

Irene ▶ 變通不是指隨意改變自己的決定和價值觀，我的靈活體現在我做事的方法和態度，但我依然可以堅守我的原則和價值觀。

例如，當年我為了要使哥哥建造的商業大樓賣出一個合理的價格，我堅決阻止他在行情低迷時，以賤價出售大樓來繳付銀行的貸款和利息等。當時確實面對到資金流短缺的困境，為了及時繳交貸款利息和營運費用等，我只能做出改變。我將原有的商業大樓分層出租，甚至找不到固定租戶時，我還要把辦公大樓作為臨時培訓場所和會議室等等。這雖然緩解了資金缺口的問題，卻使公司裡的一些員工不解，他們甚至質疑我的管理策略，覺得我的處理方式已背離了原來的經營理念。我不僅承受了精神上的壓力，在工作上更要放下身段，從經營者到管理者，再到低層員工的工作，我都一手包辦。

經過漫長的六年，最終大樓得以出售，而哥哥也獲得了3倍的利潤，當然這個收穫是我六年前就已預料到的。這次的經驗説明了，當我們制定了長遠的目標後，要能堅持，更要能變通，同時也要最大限度地運用你所擁有的資源，才能達到目標。

Stella 有創意的人經常會被別人誤解，他們的創意也經常不被別人接受或者被看輕，請你針對這一點說一下你的看法。

Irene 我們要懂得保護創意，因為那些比較侷限的思維不可能讚嘆你創意的亮點。因此，有很多有創意的想法都被浪費、捨棄或當成沒有用的想法。所以有創意的人有時候需要被保護，他們也應該懂得保護自己和自己的想法。他們可以去學習更好的溝通、學習認識組織智慧（Politically Savvy）、學會提升影響力等等來增加他們去說服別人接受他們創意的成功機率。這雖是不容易做到的一件事，但是值得去做。

你提到需要調整和修改原創意來達到別人的認可，我認為那是必須的，創意就像嬰兒一樣脆弱，需要透過學習和重塑讓創意達到實用性。

Stella 你怎麼知道員工是很有創意的呢？

Irene 有不同的測試法能夠測評創意，這裡不多說了。但是我們應該對那些表面看起來怪異的想法有一定的尊重，因為它可能是值得考慮的。我們可以從衣著和言行看出一個人是否有創意，他們一般都比較幽默，有異於尋常的觀念，對事情的分析都比較特別。然而他們通常都會被誤解，而且在勸說別人接受他們的想法時，會給別人一種笨拙的負面印象。創意從不是一開始就一帆風順的。

3.有責任心（Responsible）

當家心態

當我們做任何事情的時候，都應該有當家心態，就是把公司當成自己的公司，主動溝通，將相關的資訊傳達到位。主動思考，然後主動負責到位，把細節做好。

主動溝通

一個有當家心態的員工，能在工作現場將自己所知道的回饋給老闆，讓老闆有機會對所呈現出的問題做出反應。當然，能力較高的員工除了能主動回饋之外，還應該主動思考，主動去解決問題。

我們在下一章會談到溝通的技巧，這裡主要是談我們必須有主動溝通的心態。例如說你有沒有和同事打招呼，詢問他你可以怎麼樣和他配合？你是否主動找上司，向他請教你還需要在哪些方面努力？你是否能主動地關心同事和老闆？

主動思考

王育琨老師在他的兩本著作《答案永遠在現場》與《垂直攀登》裡，提出了「地頭力」的概念。什麼是地頭力呢？那是山東流行的一句口頭語，是指嫩芽拱開土地、露出新芽的力量，也就是不找藉口，遇到問題就著手解決的能力。企業家如果只依靠收集到的「二手數據」就會因為資料本身的滯後而做出錯誤的決定。所以王老師書中最經典的一句話是：「能夠挽救一個快倒閉的公司，不是老闆的戰略決策，也不是漂亮的團隊，而是那些能夠切入

公司業務現場運作的一線工人。」他說，第一線的員工是有地頭力的。一個員工在一個職位上如果滿一個月卻沒有提出任何的改進意見，那麼他就是小偷，是薪水的小偷。

在職場的一線人員與客戶有密切的合作關係。而老闆喜歡的員工會積極給上司回饋現狀，他們會給上司提出解決方案，而不是只給上司提出問題。

有一年耶誕節的前幾天，我坐在計程車上，聽到一則這樣的廣播：○○○飯店非常感謝計程車司機給本飯店的服務，在節日期間，凡開車到本飯店，我們有一份聖誕小禮物送給您。後來我跟飯店的主管談起了這件事，主管告訴我，那是接待員目睹聖誕期間，客人在飯店門口叫車的困難，給公司回饋，結果他想了一個這麼好的點子，解決了客戶的難題。

老闆要的是能夠善用其心，幫助自己排憂解難的員工。Lisa是我公司隔壁一家企業的老闆，她最近解雇了一名叫Amy的員工。Amy是本科畢業生，她做行政工作已經三年了，同樣的事情做了好多次，沒有學會，仍一問三不知，還要一遍又一遍地去煩Lisa。為什麼Amy始終無法獨當一面呢？只有一個答案，就是沒有用心。這樣的員工老闆怎麼願意把她留下來呢？Lisa把解雇Amy當天的情況跟我說了。

那天Amy本來以為除了跟Lisa續約之外，還能得到升職的機會，所以她自己找Lisa理論，還振振有詞地問Lisa，我從來沒有遲到，沒有早退或違反公司的規章制度，為什麼你對我有偏見？比我年資淺的人都已經被重用，而我卻還在原地踏步？Lisa正有事，就告訴Amy，下午再談。不過她請Amy處理一件事情。有一家公司要來訪問，Lisa就叫Amy聯繫，問一下具體情況。等到半小時後，Lisa問Amy，聯繫到了嗎？Amy說，聯繫到了，他們說下周過來。Lisa問，下周幾？Amy回答，這個我沒細問。那麼他們一行有多少人？哦，我沒問這個問題呀！那是坐火車還是飛機呢？需要我們去接他們嗎？Amy說這個我也沒問。Lisa被她氣炸了，就叫了另一個剛來公司不到半年的李小姐接這個任務。李小姐一刻鐘

後回來這樣報告：「客戶4人，總經理和採購部的3個人都會來，是下週三下午5點的飛機，我已經安排人到機場迎接，他們大概要跟我們洽談2天的時間，也請我們幫他們安排酒店。」Lisa趁這個機會告訴Amy，我不但不升你，我也不想與你續約，你自己好好反省吧。沒有誰出生下來就什麼事情都會做，但是只要肯用心，從簡單平凡的小事做起，那肯定能累積經驗，可以主動處理問題。

再舉一個例子吧，一個肯用心有擔當的員工是會被老闆所器重的。十幾年前，Serene剛畢業，第一項任務就是代表公司去參加一個展會。可是，她沒有把該帶的文具和器材準備好，到了會場，手忙腳亂，老闆非常不滿意。Serene回到家裡，馬上動手寫一個清單，下一次展會需要的文具和器材有哪些都列了下來。等到第二次展覽會，Serene在去展會之前，將清單給上司過目，他的上司非常高興。在公司工作了一年後，Serene還被外派到新加坡出差一年。

這件事情說明了這樣的道理，Serene的工作態度是負責任的，她知道自己做不到位的地方，就採取行動去改正，這樣的工作態度，一定也在其他的事情上表現出來，老闆才會這麼賞識她。

美國品質管理大師戴明（Deming）❻博士說，人們是可以接受我們第一次工作不到位的，但是，你要確保第二次就不要再犯錯。因為Serene負責任，她主動地把清單寫出來，把流程標準化，方便自己，也方便別人，最終的得益者當然還是自己。

只有你把公司當成自己的家，老闆才會提拔你。沒有老闆不喜歡處處為公司著想的員工。員工沒有把自己當成公司的主人，公司又怎麼可能給員工像主人一般的薪酬呢？然而可惜的是很多員工都會覺得這是公司的事，和他沒有關係，因為他把自己置身於公司之外，所以公司也沒把他當自己人，他

---

❻ 戴明（W．Edwards．Deming,1900 - 1993）博士是世界著名的品質管理專家，其因對世界品質管理發展做出了卓越貢獻而享譽全球。以戴明命名的《戴明品質獎》，至今仍是日本品質管理的最高榮譽。作為品質管制的先驅者，戴明學說對國際品質管制理論和方法始終有著舉足輕重的影響。他認為「品質能以最經濟的手段，製造出市場上最有用的產品。一旦改進了產品品質，生產率就能自動提高。」

就很難在公司有發展的機會。

努力執行計畫

成功與不成功的主要關鍵在於我們是否能「專注」。我們如果制定了很好的方案，卻總是有一千零一個理由來解釋沒有完成的理由，推卸責任，那最終一定會一事無成。

老闆要老實聽話的員工

有些員工是很好的理論家，他們經常在網路上或媒體上大發論述，他們只會指著別人的缺點，卻沒有意識到自己是一個空心大蘿蔔！只說不做，即使做了也沒有全心地投入，自己錯誤百出，沒有把細節照顧好。所以一個好員工必須是全力支持公司計畫的，不嘩眾取寵，不自以為是。

就如麥當勞這家國際公司甚至制定了這樣一個企業文化：「一切標準化」。員工可以在解決方案擬定之前給公司提意見，一旦目標已經確認，老闆的決定是最後的決定。麥當勞之所以可以在全世界各地、各文化都樹立起他們的標準，是因為員工必須要百分之百的維護和執行最後的決定。

老闆需要的是能夠將指令執行到位，聽從指揮的員工。老闆既然是老闆，就一定有他獨到的地方，可能有的時候他們的想法我們並不能完全理解，然而作為員工要先問自己是不是因為位置與高度與他不同，才沒有看得那麼高、那麼遠。舉個例子：

一家地產公司在北京郊區香河買地，當時那個地區還很偏僻，公司投了大筆資金進去，很多高管都不明白為什麼。然而自從北京限購令頒布以後，很多地產公司的業績都受到影響，而這家地產公司在香河的專案銷售火爆，業績長紅。

老闆要做好細節的員工

要把細節做好，就必須要有紀律，堅持重複。無論你有多大的天分，如果不努力，也是不可能發揮你的天分的。現在的人很浮躁，做事情一般都不踏實，想的都是相當虛幻的東西，例如自我實現、個人尊嚴等等，但卻沒有落實在工作上。在一般企業，我們不缺反映問題的人，我們缺少的是那些願意解決問題的人。所以，老闆會看中那些做錯事敢承擔，願意帶著大家一起去做，且舉一反三，不達目標不善罷甘休的人。

我輔導一位畢業了五年的名校大學畢業生，她自命不凡。她說，自己非常倒楣，第一份工作去了一家公司，老闆給她一些瑣碎的事，例如貼發票，她感到非常不高興，一個月後就離職了。最近她遇到接任她工作的大學同學，這位同學已經被晉升為經理，而自己換了幾次的工作，還是找不到自己認為「理想」的職業。

我們不要小看貼發票的事情，有些人貼發票貼得不整齊，不好翻，其實這樣的小事也有很大的文章。我公司現任的助理，是一位碩士畢業生，她貼發票貼出來就像一本書，從小事情上，我看出她工作非常認真，更值得我讚嘆的是，她把貼發票這件事貼出專業來了。她知道我愛去的餐廳，所以我請她訂餐，她都知道我愛去哪一家。老闆的眼睛是雪亮的，他們絕對不會浪費資源讓一個有能力、有熱情的員工去長久做一些「低價值」的工作，這只是一開始的磨練而已。

在日本，剛就職的畢業生都是從最基層的工作做起的；在寺廟裡，出家人也都是從打雜和炊事的工作開始的。在渣打銀行所有的實習生，在上班後的第一年都歸我管，他們做什麼呢？除了我們替他們安排到各個部門學習之外，他們的「特別任務」是替某個部門整理檔案、幫人事部舉辦各種活動。

假如這些新人認為這些工作與他們日後成為銀行經理沒有什麼關係，那就大錯特錯了。做人如果太計較，是不能成大事的。大學生來到銀行工作，他們必須要有機會與基層的工作人員一起工作、一起做一些看起來非常瑣碎的事情。假如他們能夠踏踏實實地把這些事情做好，就已經打好了人際關係和組織能力的基礎。

因為任何對細節的忽視都會帶來難以想像的後果。舉一個例，某大城市地鐵一號線是一家國際知名企業設計的，非常注重細節。而另一家企業在設計二號線時，並沒有同樣地注重細節。當二號線投入營運的時候，就發現有很多細節被忽略了，使得二號線的營運成本遠遠超過了一號線，至今尚未達到收支平衡。

老闆注重員工給客戶的服務和產品的品質，因為公司做了各種品牌和行銷，但是如果員工執行不到位，在細節上沒有做好，不能履行公司的承諾，那麼公司長遠的發展就會敗在細節上，因此對細節的關注是非常重要的。

那些不把細節當一回事的人，一般都對工作缺乏認真的態度，他們凡事都是敷衍了事，這些人會認為注意細節是苦差，他們無法在工作上找到樂趣和熱情。相反地，那些願意認真對待工作，把細節做好的人，在努力耕耘的過程中能找到機會。細節的實質是認真的態度和科學的精神，在一個不經意的細節，往往能夠反映出一個人層次深淺的修養。我們常說「魔鬼藏在細節裡」，正是這個道理。

做一個刺蝟吧——簡單就是美

我在此引用以賽亞‧伯林（Isaiah Berlin）❼的刺蝟與狐狸的理論。刺蝟有點笨拙，而狐狸儼然是一種聰明、狡猾的動物，牠經常具心機地在外面搜尋牠的獵物，但刺蝟卻是老老實實的，當刺蝟離開牠的洞穴時，狐狸看到牠，便跳出來要攻擊刺蝟。刺蝟縮成一團，變成了一個渾身帶刺的球，所以狐狸從來沒有得逞。狐狸和刺蝟代表了兩種人，狐狸狡猾，牠認為這個世界上有很多事情可以做，牠有很多的目標，但卻從來沒有定下心來，把目標做好；而笨拙的刺蝟是第二種人，把很難的事情分解成簡單的小事，一個想法，一個計畫，然後好好地去規劃自己的生活。

刺蝟其實不笨，例如，愛因斯坦、貝多芬、愛迪生都清楚地知道簡單就是美，他們專注於一樣東西，事情做不好，決不善罷甘休。

📖 對自己負責任

多數人把自己的失敗、自己的不如意都歸咎於他人，不改變自己，卻自願成為他人的化身。

孟子說得好：「行有不得，反求諸己」。我們要為自己的人生負責，但多數人都不願意這麼做。要改變現狀，先要改變自己，而我們行為的改變來自於我們觀念的改變。因此，我們必須要先藉著外面的事項，反觀內視，以內馭外。

---

❼ 以賽亞‧伯林（Isaiah Berlin,1909年-1997年），英國哲學家和政治思想史家，是二十世紀最著名的自由主義知識份子之一。其1928年進入牛津大學攻讀文學和哲學，1932年獲選全靈學院研究員，並任哲學講師，其間與艾耶爾、奧斯丁等參與了日常語言哲學的運動。二戰期間，先後在紐約、華盛頓和莫斯科擔任外交職務。1946年重回牛津大學教授哲學課程，並轉向思想史的研究，1957年成為牛津大學社會與政治理論教授，1966年至1975年擔任沃爾夫森學院院長。主要著作有《卡爾‧馬克思》(1939)、《概念與範疇》(1958)、《自由四論》(1969)、《維柯與赫爾德》(1976)、《俄國思想家》(1978)、《反潮流》(1979)、《個人印象》(1980)、《人性的曲木》(1990)、《現實感》(1997)等。

　　而外界所表現的事項，其實是提供我們一個機會去反思、去關照自己的內心，看看我們到底要什麼？這件事情的發生對我們有什麼意義？如果我們能夠沉住氣，就會有一個清晰的答案，更好地駕馭外界所發生的事情。所以佛家建議我們要禪修，靜思，不要衝動、逞一時之勇，不要只看表相就妄作斷言。

　　我在北京大學替應屆畢業生演講「老闆到底要什麼？」到結尾的時候，一個女孩子站起來說，她一輩子都不能夠為自己做主，她父親很強勢，逼她讀外語系，現在則要她去銀行應徵工作，她很不開心。我問她，那你為什麼不為自己負責任呢？她說，我的一切都是父親安排的。我接著問，要是你不聽你爸爸的話，會有什麼後果？她想了一會兒說，嗯，可能父親會拗不過我，讓我去學美術。我說，那你父親太可憐了，你長了那麼大，他還要替你負責。這個女孩子瞪大了眼，以為我說錯了，是她可憐，怎麼是她父親呢？我告訴她，你自己都說，父親會拗不過你，那你為什麼不堅持呢？很多時候，我們不願意負責任，我們寧可當別人的化身，我們把責任推卸給別人，還要自哀自憐，那是很沒有意義的。

　　我接著問，你很喜歡美術嗎？她笑得很燦爛，她說是的，我問她，你在學校或外面有沒有上一些有關美術的進修課程呀？她說，有的，我不但去了，而且最近還參加了一個小型的畫展。那就對了，我說。你比一般的人都好，你學了英文，未必一定要做英文老師或者銀行家，你大可到國外去進修美術，因為你的英文底子很好，你到國外去深造完全沒有語言上的問題，這位同學興奮地說，我正有此意。我們應該為我們的理想奮鬥，在這個過程中我們所做的一切，都不會是浪費的，我們祝福這位未來的畫家。

　　由此類推，如果你找不到工作就抱怨自己沒有關係可靠，沒有這個的推薦、沒有那個的推薦，那請你捫心自問，你有對自己負責、你有已經盡了百分之百的努力嗎？

中國印象集團股份 有限公司董事長 姚遠

　　姚遠先生是中國印象集團股份有限公司的董事長、全國各省同鄉企業聯誼總會總會長。印象集團旗下有45個全國性公司，都是單獨的品牌，全國共有11萬8千名員工。

Stella 您是印象集團的董事長，您覺得在處理員工問題上最棘手的是什麼？

姚　遠 中國企業家感到最棘手就是員工的離職問題，我們除了要處理法律法規之外，員工的頻繁跳槽也會影響企業的正常運作。我們雖然有很好的人才儲備計畫，但員工離職總是不方便的事。

Stella 您剛才提到員工離職的問題，您會怎麼去解決？

姚　遠 根據斯洛需求理論（Maslow's Theory of Need），基層員工最關心的是確保家庭經濟有保障，能夠有足夠的經濟來源來支撐生活，所以企業家應該照顧好員工的基本薪酬方面的要求。
當然我們不可能隨便支付過高的薪酬，而是選擇有潛質的員工，給他們適當的培訓，來增加他們謀生的本錢。

Stella 那您會根據什麼來提拔員工，您最關注員工的哪些素質呢？

姚　遠 第一就是他們的技術和技能。因為有技能和實力的員工才可以培養，才可以給企業創造效益。技能和工作經驗是相輔相成的，老闆聘請到有自主性的員工，他們在工作中累積經驗，累積人脈關係，很好地利用管道來拓展生意，讓老闆不用操心，老闆當然就願意多給一些薪酬。
第二是品德，我們決對不會培養那些沒有品德的員工。

Stella 請您給求職者一些建議？

姚 遠 我的建議是，要先懂得「鞠躬」才能「成功」。

也就是說，必須要有謙卑的心態，才能夠在企業裡有機會得到同事的認同和上級的讚賞。假如不虛心學習，是不可能得到成功的。

Stella 請您說一下員工應該怎麼樣去規劃自己的職業生涯？

姚 遠 應該先看自己的天分、愛好、技能和人脈關係，然後朝這個方向去努力和發展才是。

4.良好的社交意識（Relational）

在上一章裡我提到要做到與老闆、同事和客戶主動溝通。一個好員工要與人建立良好的關係，要有良好的社交意識，首先就必須要溝通到位。

希臘文的溝通是「Dialogos」，意思就是整理組合人的腦力激盪，讓大家對彼此的溝通模式清楚瞭解，以便洞悉彼此的想法，一起學習與成長。因此，當我們要溝通的時候，必須採取一種開放的態度，一個全域的思維，以作為我們溝通的前提。

溝通不是在於你多會說，更重要的是，「要聽懂別人說什麼」，「聽」要比說多一些，要養成傾聽的好習慣。繁體字的聽是「聽」，耳朵為王，眼睛十成的關注，一心一意。可見聽的時候，要全身心地注意聆聽別人說的話，看別人的肢體語言，因為它是溝通的一大部分。

我們也要用心去聽別人所說的話背後的感情和意思。顏回向孔子請教「心齋」，孔子的回答非常經典，他說：「若一志；無聽之以耳，而聽之以心；無聽之以心，而聽之以氣；聽止於耳，心止于符。氣也者，虛而待物者也，唯道集虛，虛者心齋也。」簡單解釋就是：你應該把心裡的念頭集中在一處，不要胡思亂想；等到念頭歸一之後，就用「聽」字訣，但不是用耳聽，是用心聽；這還是粗淺的說法，就深一層工夫說，也不是用心聽，而是用氣聽；到了這樣境界，耳聽的作用早已停止了，神和氣兩者合而為一，心也不起作用了。氣的本質是虛的，它需要等待一件東西來和它會合，只有「道」這個東西常和太虛之氣會合在一起，工夫如果做到心同太虛一樣，就算是心齋。所以溝通是一個大學問，我們想說服別人不是根據自己的意願，而是聽清楚別人到底要什麼，然後給予相應的幫助。

因為溝通的目的就是要瞭解別人的想法，要能善解和包容，海納百川，

才能夠接受跟自己不一樣的想法。例如我們的心態是要把一個問題「解決」，而這種心態似乎只能有一個答案，那就是採取一種比較僵硬的態度。然而一個變通的人，當遇到問題的時候，他能夠考慮多方觀點，然後想出一個「轉化」問題的方法。

妥協（Compromise）和決定（Resolved）是不一樣的。表面看來，我都已經跟你妥協了，但心裡並沒有這樣決定，所以就會覺得很委屈。因為我都妥協了，我只得到我要的一部分而已。如果對方也這樣覺得他只得到自己所要的一部分，那日子久了，不斷妥協的人就會有種被壓抑的感覺，壓抑久了就會爆發。相反地，我們可以決定（Resolved）某件事的解決方案，它可能與雙方原先想的不一樣，也可能是採用其中一方的想法，但是當事人都感覺到這件事情已經有很好的結果，那麼這件事情就得以圓滿轉化了。所以，心態是非常重要的，在轉化問題或者是與人共處時都必須具備這種靈活的心態。心態既然決定一切，我們就應該養成積極正向的心態，這是一個好習慣，要經常提醒自己把心態調整好。

好員工必須要有社交意識，要能廣結善緣。溝通是唯一拉近人與人之間關係的橋樑。老闆需要員工能夠把身邊的資源都整合起來，幫助公司創造更大的效益。我在談到勝任力模式的時候，你就會清楚看到每一份工作都強調要有溝通的能力和意願。因為樂意與人溝通是一種習慣，而溝通的技能是可以培養的，我們要懂得建立人際關係網。

建立有效的人際關係

Stella's 智題

通常我們在參加聚會時，都希望和與會的人建立良好的關係，以資源互補。在這裡提供給大家一個方法，教你如何在短時間內建立起有效的人際關係。第一，你必須表示對別人關心。人與人之間如果有相似的背景就比較能讓溝通進入更深的層次，所以你可以透過以下的問話挖掘彼此的相似點。

> 你來自哪個城市？

> 你為什麼選擇現在的行業？

> 你現在有沒有打算做特別的計畫？

> 你工作之餘最喜歡的活動是？為什麼呢？

透過這些問話，你讓對方覺得你對他感到興趣。你想要讓人覺得你這個人蠻有趣，還是要讓別人認為你對他感興趣呢？人際關係學大師戴爾・卡內基（Dale Carnegie）[8]說，一個有社交意識的人是很好的傾聽者，他真誠地對別人有興趣，願意認識別人。

第二，你必須懂得很好的自我介紹，做好電梯簡報（請參閱本書相關章節）。第三，你可以問對方他需要哪方面的支援，然後你也可以告訴他，你需要哪方面的支援。你可以告訴對方你想知道以下的答案，以便更好地支持他。你可以問：你如何找到你的客戶？你對客戶有什麼特別的說明？你對什麼樣的客戶有興趣？你和競爭對手所提供的服務有什麼不同？

你可以在對方的名片上簡短地記錄你們的談話內容，那絕對不是不禮貌的行為，別人會認為你特別尊重他。那些需要馬上跟進的人，你可以在他們名片的右上角打上記號。

---

[8] 戴爾・卡內基（Dale Carnegie，1888年11月24日－1955年11月1日），美國著名的人際關係學大師，現代成人教育之父，西方現代人際關係教育的奠基人，其被譽為是20世紀最偉大的心靈導師和成功學大師。透過演講和著作喚起無數迷惘的人的鬥志，激勵他們取得輝煌的成功。其在1936年所出版的著作《人性的弱點》，70年來始終被西方世界視為社交技巧的聖經之一。

EQ與情緒控制

丹尼爾・戈爾曼（Daniel Goleman）[9]認為情感智商（EQ）主要包含五個方面：

1.瞭解自我：監視情緒時時刻刻的變化，能夠察覺某種情緒的出現，觀察和審視自己的內心世界體驗，它是情感智商的核心，只有認識自己，才能成為自己生活的主宰。

2.自我管理：調整控制自己的情緒，使之適時適度地表現出來，即能調整控制自己。

3.自我激勵：能夠依據活動的某種目標，調動、指揮情緒的能力，它能夠使人走出生命中的低潮，重新出發。

4.識別他人的情緒：能夠透過細微的社會訊號、敏感地感受到他人的需求與欲望，是認知他人的情緒，這是與他人正常交往，實現順利溝通的基礎。

5.處理人際關係：調整控制自己與他人的情緒反應的技巧。

研究資料證明，90%的成功者都具備良好的情商（EQ）。這裡特別要強調的是EQ是可以被訓練的，有良好EQ的人一般對他人和自己都有很好的覺知能力，他們善於利用這個能力來管理自己的行為和關係。

根據腦部神經科學研究顯示，當一件事情發生時，它首先進入後腦勺下半部的脊髓神經（Spinal Cord），然後向大腦的感性區──邊緣系統（Limbic System）邁進，邊緣系統讓我們感覺到情緒。在我們可以冷靜地合理反應任何問題之前，我們的一切本能、原始情緒反應會先在邊緣系統反射出來。

---

[9] 丹尼爾・戈爾曼（Daniel Goleman），哈佛大學心理學博士，現為美國科學促進協會（AAAS）研究員，曾四度榮獲美國心理協會（APA）最高榮譽獎項。20世紀80年代即獲得心理學終生成就獎，曾兩次獲得普利策獎提名，此外還曾任職《紐約時報》12年，負責大腦與行為科學方面的報導；他的文章散見全球各主流媒體，暢銷著作有：《情商》、《工作情商》等。

　　大腦的理性區，即前額葉皮質（Prefrontal Cortex）無法阻止並改變邊緣系統任何情緒上的感覺。然而前額葉皮質與邊緣系統卻相互影響著，並持續穩定地溝通。前額葉皮質和邊緣系統溝通的結果就是我們所表現出來的情商（EQ）。一般來說，人的前額葉皮質要到23歲以後才完全成熟，因此人們經常說：「小孩子沒腦」，這是因為他們的大腦的確還沒有成熟。

　　在我們的潛意識裡，每個人都有許多個觸發點（Triggers）。觸發點是我們一個又一個過去的歷史，我們簡稱這些為爛草莓（Yak Berries）。這些爛草莓受到外界事物的刺激就會一觸即發，這也就是為什麼我們對某些事情特別敏感而別人卻不以為然的原因。其實，每一個送到我們面前的煩惱障礙，能夠激怒我們的是我們心理的內部反射。我們的內心深處肯定有一個傷疤，一個很重的激怒點，才能激怒我們，令我們大發雷霆，大動肝火！

　　例如我們小時候因為數學成績不及格，被老師批評覺得很丟臉，我們的腦袋裡就會產生一個爛草莓。當別人不經意的提到數學成績決定一個人的成敗時，話還沒說完，我們就會大發雷霆。再舉個例子，我們不知道說了什麼話使得身邊的朋友哭得唏哩嘩啦，那是因為他們的某個傷痛被我們觸發了。

　　我的大女兒房間很凌亂，我看到就會歇斯底里地譴責她，我的先生是一個相當整潔的人，但他沒有這樣劇烈的反應，只是輕描淡寫地告訴女兒一定要把房間收拾乾淨。女兒沒有把房間收拾好，其實是反應了我的缺點和不足，我大聲地譴責她，其實是在譴責自己。

　　當我們沒有很好地控制住自己情緒的時候，應該要反問自己為什麼。我們必須要懂得反省，要學習掌控自己的情緒，因為良好的EQ是可以被培養的。

　　《關鍵對話》（Crucial Conversations）是一本銷售量超過200萬的巨著。它詳

細剖析了人們在溝通上常見的盲點，並提供了許多立竿見影的談話、傾聽和行動技巧，輔以豐富的對話情境和輕鬆幽默的小故事，幫助讀者以最迅速的方式來掌握這些技巧，非常值得閱讀。作者教了我們不少重新思考問題和控制情緒的方法，例如，我們可以透過用不同的「故事」來詮釋自己所看到和聽到的事。莎士比亞說得好：「世上之事物本無善惡之分，思想使然。」作者說心態也很重要，當我們情緒快要失控的時候，要提醒自己：「我到底要什麼？」及「為什麼一個合理、理性的人會做這樣的事呢？」這些反思的方法都很實用。

當我們慣性不開心的時候，給自己找麻煩、糾結在一個問題上，不肯替自己找到解決方案的時候，我們可以嘗試靜坐，讓自己靜下心來換一個角度去面對職場上的煩心事，把積極的狀態提高。因為老闆要的同樣不是那些愁眉苦臉，遇到事情就鑽牛角尖，控制不了自己情緒的人。

在靜坐的時候，可以加入愛和善念，這個能量是很巨大的，你所收穫的成果將無法用言語來表達。因為負面的情緒和能量就像病菌一樣是可以傳染的。舉一個例子來說，當你走進一個房間，房裡的人不說話，你馬上可以察覺到這房間充滿了火藥味，你的心情就會低落。相反地，如果房間充滿了歡愉與愛的能量，那麼你也是可以察覺到的，它是沒有時空限制的。所以，學佛的人都會勸人每天至少靜坐10分鐘，以培養平靜、愛和正能量，給周圍的人好的磁場。

雖然說我們應該注意控制好情緒，但如果你還是忍不住一定要與人爭論，那麼我建議你先發一個好願。你可以這樣想：「我要與你理論，我的目的是讓你知道我不開心，但我更渴望與你更親密，能夠獲得你的支持，我也願意與你合作。」當你發完這個願望，你就可以告訴對方你不高興，你不用擔心，因為你已經發了一個好願，即使你與人爭論，一定還是會以好的成果收場。

還有一個竅門，我經常告訴年輕人，要在他們的意識田裡種下「夠了」

（Enough）這個詞，尤其是年輕的媽媽，我建議她們這樣做。告訴孩子你「玩夠了」，你的性子「耍夠了」，你「不聽話夠了（Enough）」，你「哭夠了」，你「傷心夠了」吧。當孩子長大以後，聽到母親或自己的潛意識冒出「夠了」這個詞後，就會懂得適可而止，不再鬧情緒，不再意志低落，不再跟自己或別人找麻煩，不再沒完沒了。

珍惜身邊的貴人

我們要學會靈活運用資源、整合身邊的資源和珍惜身邊的每一位貴人。要得到豐厚的人脈資源，就必須要懂得發現和利用身邊的資源，誠心地與人相處，知恩報恩，那麼就會有越來越多的人樂意扶持和幫助你。

有些人絕頂聰明，他們來自名校、來自大公司，有很好的行銷技能，很努力，或者很有創意。但是，他們的成就卻遠不如那些身邊有貴人相助的人。所以成功的人，會努力在身邊建立「正能量圈」，我們的成長必須有家人、朋友、合作夥伴以及核心戰友的支持和鼓勵。

為什麼要真誠地爭取和珍惜那些可以幫助自己成功的貴人呢？因為貴人能夠給你大量的資源。包括了金錢、人脈和平臺，他們可以給你點子，他們的經驗豐富，可以與你分享成功或失敗的經驗；當我們遇到困擾的時候，他們可以幫我們理清思路；他們是有學問的人，他們的視野開闊，可以給我們新的觀念，助我們一臂之力。貴人能鼓勵我們，他們還會為我們的夢想和願景喝彩，讓我們信心百倍，平步青雲。在生活中，如果我們不懂得珍惜貴人和他們給我們的指點，做事就會變得事倍功半。

我們生命中的貴人也可以是找出我們問題的人，他們看到我們的不足並經常提醒我們。我們生命中的貴人也可以比我們年輕，我很感恩我們公司的趙雨薇，她在公司已經工作了6年，我們公司的規模並不能與大型的諮詢獵頭公司匹比。但是，雨薇是一個有遠見的人，她知道我們公司，麻雀雖小，

卻隱藏著無限的潛能。她看中的是公司的平臺，因為我們有外企的背景，也有豐厚的經驗，所以在這幾年裡，雨薇全力以赴地去擔當公司大大小小的事。我當然相信我們的公司可以幫助雨薇實現她成為國際獵頭的夢想。有了她，我很放心，也樂意全力以赴地去支持和幫助她。其實，話要反過來說，是雨薇先給我們公司很大的支援與力量，一個有遠見的員工在成就公司的同時，其實也成就了自己。如果你身邊出現像這樣的貴人，你真的要懂得好好珍惜。因為，沒有人應該對你好，包括你的父母和親人。我們要感恩身邊的貴人，不要以為一切都是理所當然的。

有很多人會排斥比自己好的人，他們覺得跟比自己差一點的在一起比較舒服，甚至享受那種優越感。但是身邊的人如果都不如自己，那你是否是給自己創造了一個向下走的趨勢呢？你去問那些成功的人，他們身邊都圍繞著那些自己可以學習的人。他們虛心學習，不是阿諛諂媚、不是低聲下氣、也不是攀比，而是能夠活出自己的尊嚴，和比自己出色的人一起是可以受益無窮的。

當你有一個夢想，那麼你的成功就決定於你身邊的能量圈有多大。假如人人都給你的夢想潑冷水，那你要注意，要暫時離開他們，因為他們在壓縮你的能量圈。古時候有孟母三遷的故事，說的就是這個道理。近朱者赤、近墨者黑，我們不是在談這個人的身分，而是在談這個人的品德，這個人的能量。假如你和能量低的人在一起，你就要先確保自己是否有足夠的能量來提升他，而不是被他負面的能量所影響。我不是說我們不可以交那些看似不長進的朋友，但是如果他們在我們身邊，給予我們負面的「榜樣」，所謂「學壞三天，學好三年」，在擇友方面要慎重，就是這個意思。

雄鷹在雞窩裡長大，就會失去飛翔的本領。原本你很優秀，卻因為周遭那些消極的人影響了你，使你缺乏向上的動力，如果你想像雄鷹一樣翱翔天際，那你就要和群鷹一起飛翔，這就是潛移默化的力量和耳濡目染的作用。因此我們說：「讀好書，交高人，此乃人生兩大幸事。」

「WQ」定成敗

世界上最簡單的一個答案是「不」。你對別人說：「對不起我不能夠幫你」、「我不知道」、「我不會」、「我沒有時間」等等……說「不」的時候，你就把這件事情終止了，你就不必負責任了。

一個好員工，他是勇於承諾與擔當的，不輕易說「不」。當老闆遇到問題的時候，總可以信賴他去想方設法來幫忙解決問題。當然，要負責任是要付出代價的，但是你只要付出了，就要相信自己絕對不會吃虧的。

當我們不輕易說「不」的時候，我們會堅持（Resilient），會想方設法（Resourceful）去解決問題。長此以往，這種素質能夠讓你學會很多新事物，增強人脈關係，你的技能也因為樂於助人而有所提升，別人也會感受到你是一個好人，願意跟你親近。因為他們知道若有事情找你，除非你做不到，否則你不會輕易說不。想一想，你的人際關係不是在甜言蜜語當中得到，而是因為大家敬仰你的處世與人，主動願意與你深交。若你的知己滿天下，那是你自己用實際行動創造出來的。

在網路上看到美國籃球健將麥可‧喬丹（Michael Jordan）的故事，覺得能夠把「不輕易說不」這個道理說清楚。

喬丹小時候，父親給了他一件舊衣服要他賣2美金。喬丹本來覺得這件事情不太可能實現，但還是照著父親的意思去做。他先把衣服洗乾淨，拿到人潮密集的地鐵站，六個小時之後，果然把衣服賣掉了。

十天後，父親又給了他一件衣服，這次要他賣20美元。喬丹接受了父親不合理的挑戰。他想了一個好辦法，請學畫畫的表哥在衣服上畫了一隻唐老鴨和米老鼠，拿到學校門口去叫賣。結果有一個孩子非常喜歡衣服的圖案，竟然用25美元把衣服買下。

幾天後，父親又來挑戰喬丹。他要喬丹把一件衣服用200元賣掉。

　　這時剛好《霹靂嬌娃》的前女主角法拉佛西來到紐約做宣傳。記者會結束後，喬丹撲到了法拉佛西身邊，請她在衣服上簽名。有名人的簽名，這件原價2美元的衣服以200美元賣出。這裡要說明的是，有志者事竟成（When there is a Will, there is a Way）。可是一般人都不會像喬丹一樣，願意挑戰自己，不輕易說不。當我們下定決心把一件事情做好的時候，方法自然就可以想出來。假如自己已經提前放棄，你既然已經下定決心自己做不到，那老天也就如你所願，讓你不成功！

　　我舉一個身邊的例子，我還是說我的鄰居企業家Lisa。Lisa的公司是做國際展品運輸的，貨物要進出口，就像人辦護照一樣，要辦一個單證。Lisa本想把貨從陸地，由北京運到廣州後，然後透過海運送到國外。當貨物到廣州貨船後，Lisa才知道海關需要花兩個星期檢查這批貨物，但是等到檢查完畢再運往國外，展會已經閉幕了。所以Lisa必須把貨物由廣州碼頭取出來，然後用空運的方式送到國外。但是貨物已經到了廣州的碼頭，怎麼可能隨意拿出來呢？一般人都會放棄，怨天尤人，但是Lisa卻絞盡腦汁地想解決的方法和可以幫助她的人脈關係。她突然間想到一位曾經打過兩次交道的朋友，就請他幫忙。結果事情非常順利，這個人對碼頭操作流程不但熟悉，而且也有相關的人脈關係，果然貨物就被取出來了。Lisa馬上安排貨物空運到國外，及時趕上了展會。由於Lisa做到不輕易說不，她的堅持使事情獲得了轉機，得以成功解決。

　　有毅力（Resilient）的人就會成功，他們能夠為完成任務而奮鬥不懈，願意承受艱苦、批評和困境的衝擊，並且有化腐朽為神奇的力量。成功的人，都有很堅定的意志，他們都下定了決心，為做好某一件事，不輕易說不，不輕易放棄。他們有堅定的信心，相信自己可以做到，也就會想方設法去做到，這就是我所謂的「WQ」（Will Quotient）。WQ是比EQ和IQ更重要的，我身邊有很多的例子，那些聰明人，一事無成的大有其人，而那些情緒管理修養很好的人，不成功的也大有人在。當然假如你有IQ，也有EQ，

那你做起事來會事半功倍。但是，成功不只在於你有多聰明、有多圓融，更重要的是，你是否願意為成功付出代價？

我這個人大學成績並不理想，說話也很衝，EQ和IQ都不及格，但是我很清楚自己缺乏什麼和要做什麼。我的WQ很高，我努力學習，把IQ分數提高，努力反省和檢討，把人做好。回想六十年來的光陰，我自認為無憾，我所訂下的目標很多人都認為是匪夷所思的。

做什麼事，都不要想一蹴可幾，每天做一點點，有一天沒有做也不要氣餒，做就是了。國外有句成語：「Don't throw the baby out with the bath water」，意思是「別把嬰兒跟她的洗澡水一起扔掉」，那是什麼意思呢？當我們沒有做好的時候，不要氣餒，把不好的摒棄，別傷了自己，別把嬰兒和洗完澡的髒水一起扔掉。因為留住青山在，不怕沒柴燒，有這樣的心態就對了。不要替自己找藉口，不要自暴自棄。

再舉一個例子吧，那些說要減肥的人，很少減肥成功。因為他們的潛意識裡壓根兒就不想減肥。他們饞得很，心裡都不想放棄好吃的東西，潛意識就想大吃大喝，雖然偶爾節食有成，瘦了下來，但很快又吃了起來，結果原形畢露。還有些人，很容易自暴自棄，忍不住吃了冰淇淋或巧克力，就會說，我乾脆直接破戒，不減肥了！其實，偶爾吃一口冰淇淋或巧克力，就提醒自己下不為例，何必立刻自暴自棄，把減肥的計畫完全終止呢？

成功和不成功的人，最大的差距在於肯還是不肯為自己的理想付出——做就是了！

解密EG

我很榮幸跟隨吉爾・布蘭妮（Geil Browning）博士學會了一套很完善的心理測試工具──Emergenetics（簡稱EG密碼）。我在此章將用相當大的篇幅來介紹EG，希望能夠幫助讀者「知己知彼」，因為只有當我們知道彼此是不同屬性的，我們才能善解，包容，才能與同事和親人有更好的溝通和有效的建立信任感。

EG這個工具是Geil博士20年前提出的測評工具，在全球已經有40萬人做過測試，也有很多知名公司使用過。

EG，E就是指環境Emer，G就是指基因Genetic。環境和基因的不同造成了我們思考和行為的不同，而這些思考和行為特質是我們獨一無二的解決問題方案。多數的心理測試都只談行為特質，而沒有談到思考特質，只有EG區分出了行為特質和思考特質，這是它的特色之一。除此之外，我們很容易記住EG的內容，因為它用的是四種顏色來表示四種不同的思維特質。

EG的思考特質

EG把人的思考特質分為了四種：「藍色的分析型」、「綠色的結構型」，這是左腦的思維方式；右腦的思維方式則是「黃色的概念型」和「紅色的人際型」。而人的行為特質也可以分為三個維度，那就是表達特質、表態特質和變通特質。雖然這裡只區分出7種，但是它的組合就有268種，詳見原著《Tap into the new science of success -Emergenetics》[10]。

現在就先說明第一個思考特質：藍色的「分析型」特質。藍色思維特質強的人，他們喜歡問的問題是Why和What，他們喜歡用自己的大腦來分

---

[10] 《Tap into the new science of success –Emergenetics》的作者是吉爾・布蘭妮（Geil Browning）博士。Geil 博士創立Emergenetics, LLC和The Browning Group International, Inc.這兩家公司，透過EMERGENETICS 的理念為企業提供培訓及諮詢服務。

析，享受用邏輯、數學和科學來解決問題。分析型的人喜歡貨比三家，例如我們公司的Lori趙小姐，她要買什麼東西，就先上網去查，她買的東西都是物超所值的，等到作出決定後才出手買下來。我跟她說話，她喜歡皺眉頭，因為她是偏好分析的，不能馬上接受別人的想法，她的表情經常惹我生氣，但是，我知道她一皺眉頭就是要為我分難解憂。當然我還是會跟Lori說你以後要少皺眉頭。因為偏向分析型的人是受不了別人天馬行空亂說的，例如小孩想要媽媽疼她，就跟媽媽說我要考第一名，假如媽媽是偏向分析型的人，她就沒有辦法接受，因為——你現在是倒數第一名，你怎麼可能名列前茅呢？

而綠色的「結構型」特質就不同了。他們喜歡問的問題是How和When，他們更關心的是，把事情按照計畫做好，他們做事很可靠，傾向結構型的朋友們是比較循規蹈矩的。我的兒子是偏向綠色特質的，我的顧問打電話告訴我說兒子要裝修他的房間。我回到新加坡和兒子吃飯的時候，就要跟他談裝修房間的事，因為我覺得這個事情是很輕鬆的。但是偏綠色特質的人你要跟他溝通就絕對不可以一邊走路一邊講話，你也不可能在他吃飯的時候談嚴肅的事情。他吃飯就只是吃飯，不能在隨便的場合談嚴肅的事。所以我在跟他談這件事情的時候，他就很不禮貌地說：「wait（等一下再談吧）」。假如我沒有學EG的話，我就會大發雷霆，我出錢給你裝修房間，你還這樣。但是因為我學會了EG，所以我兒子這樣說，我心裡雖然不舒服，但我可以理解他。當我們吃完飯回到家，不到十分鐘，兒子就拿出一個計畫表跟我說明他要怎麼樣裝修房間。

藍色和綠色是左腦思維，而右腦思維的人有紅色和黃色的特質。

「人際型」是紅色的，他們比較喜歡問的問題是Who，誰參與了？和誰在一起？他們的注意力都放在維護人際關係上。他們比較感性，喜歡團隊合作，對人有直覺，喜歡考慮人的因素。但是因為他們特別照顧別人的想法，

所以當別人對他們沒有同理心、沒有表現尊重的時候，他們會比較敏感。例如會想「我這麼愛你，為什麼你不愛我呢？」

而傾向黃色「概念型」的朋友，他們喜歡問Where，他們對事情有直覺，看事情比較宏觀，比較天馬行空，你還沒說完這件事，他們就想到別的了。看起來好像不專注，但他們心裡是有數的，可以把不同的事情結合在一起，創造出一個新的東西來，他們是很有創造力的。

2008年，我用EG為新加坡旅遊促進局大中華區做團隊合作的培訓。當時的總裁是蔡先生，他是偏好黃色思維的。他在上課時不停地使用電腦，看起來漫不經心的樣子。因為他是老總，我也不好說什麼。結果，課程一結束他就問我，你教的課有沒有小孩子的部分？我告訴他有的，我們有一套專門教9歲至18歲孩子的課程。蔡先生就馬上承諾要我為中國到新加坡遊學的四千名孩子做培訓。

偏向概念型特質的人就是這樣，他們可以把看似無關的事情很好地連接在一起。蔡先生的工作是要推廣新加坡的旅遊事業，過去中國去新加坡遊學的孩子都是去吃新加坡的美食，旅遊觀光而已，蔡先生覺得我的課程很有新意，就要我為這些孩子精心設置一堂課。旅遊公司非常高興配合，因為去新加坡旅遊還有上課這個特別選項，家長會更願意送孩子去新加坡遊學。我非常感謝蔡先生，2008年經濟不太景氣，但是我的培訓卻因為有了四千個孩子，做得風風火火。與此同時，新加坡旅遊局大中華區也因為這個點子吸引了更多的學生到新加坡遊學。

你問是不是每個人只有一個思考特質呢？當然不是，有些人有兩個甚至三個思考特質，但總有一個比較凸顯。

我做的團隊培訓會有不同的遊戲，我會根據測試的結果把所有思維偏好一樣的人放在一組，例如藍色一組，綠色一組等等。然後出題目給他們，而

他們給予的答案都會代表該組的特色，特別有意思，學員們在這個遊戲中笑聲不絕，彼此學習的成果很明顯。

為了加強讀者對四個思考特質的認識，我再舉一個例子吧！

九點鐘要開會，Lori是偏好藍色特質的，她算準了時間準時到達，分秒不差；我的好朋友秀娟是綠色特質特別明顯的，她的座右銘是準時就是提早到，所以，不到八點半就已經在現場了；我們公司紅色特質明顯的小麗，經常遲到，因為她站在路上喜歡和別人聊天或者幫別人搬運東西等等，她晚到了十五分鐘，遲到了，但心裡想，我真辛苦，我已經盡了最大的努力才趕來的，她還想得到大家的表揚，可是秀娟卻板起臉孔，瞪她說道：「妳怎麼這麼晚才來？我已經等了四十五分鐘了。」至於偏好概念型的Shirley，會說「啊，我還以為是九點半開會呢，原來是九點啊！對了，我還有一些議程要加進來討論，我們談談這個好嗎？」Shirley一般都不照牌理出牌，給人一種很隨意的感覺。

我是偏好結構型的，老師特別喜歡我，因為我比較循規蹈矩。週一的時候，老師吩咐我要週五收作業，我等不及，週二就開始催大家交作業了。偏好藍色特質的同學會說：「週五才交呢，你這麼早收作業幹嘛？是不是找我麻煩？多給幾天我能寫得更好」；偏好紅色特質的同學跟我說：「啊，我從週一到週四都排滿派對了，根本沒時間寫，你別管了，我會去跟老師解釋的」；偏好黃色特質的同學，他一聽我催作業，就很感激地說：「啊，謝謝你！我差點忘了，原來週五要交作業啊，好好好。」

這裡要強調的是，無論你有哪種偏好，我們談的不是能力，而是你思考的偏向。例如當我們的測試報告看出我們較不注重細節（結構型思維），那並不代表我們不會處理細節，而是我們一般都不以細節為重點。若要解決這個問題，就是日後做任何事情的時候，特別地去檢驗自己是否將細節做好。同樣地，在團隊報告裡，我們看到一些團隊他們比較偏向於結構型思維，而

缺乏概念型思維，這並不代表他們不能夠用概念型的思維去思考事情，只是因為他們不習慣用概念型特質去思考問題罷了。我給他們的建議是，以後開會先腦力激盪一番再進入正題，這樣的策略就能夠解決團隊代表的不足。

EG的行為特質

EG把行為特質分為三個維度：表達特質，表態特質和變通特質。每個特質都可以分成三個部分，不同部分的人的行為模式是很不一樣的。

表達特質

表達特質，是指是否喜歡和別人分享對世界的看法。

安靜・保守・冷靜 喜歡獨處・喜歡一對一 低調・內向・需要安全感 不喜歡向人傾訴	視情形而定	尋求他人關注・喜歡聊天・ 會跟陌生人聊天・外向 喜歡表演・健談・活潑・ 喜歡社交
第一部分	第二部分	第三部分

處於表達特質第一部分的人，非常喜歡安靜，不愛說話。他們習慣自己獨立學習，喜歡仔細思考以後再表達。這樣的人，自己就在那裡想，想出結果才要說出來；而表達特質第三部分的人呢，正好相反，他們透過和別人說話來學習。要想一個問題，他不是想好了再跟別人說，而是找個人先說，說一說就理出頭緒來了。

我的特質就是表態特質第三部分。我上禪修課，一上就五天，要坐在那裡冥想，不許說話。我就很乖地坐在那裡，看起來很專注，其實我滿腦子都在想：只要一下課，我就去告訴朋友，這幾天到底學了些什麼……

　　因為表達特質的不同，就可能出現誤會。有時候，偏好表達特質第一部分的人不願意說話，可是表達特質第三部分的人就等不及了，覺得你是不是說話保留？我不能允許你沉默，一定要把事情說清楚！這樣一來，氣氛就緊張起來了。

　　偏好表達特質第一部分的人，容易忽視別人想要瞭解事態的願望，不願意把自己思考的過程和別人分享，結果對方就不知道他在想什麼。

　　而偏好表達特質第三部分的人，他們有時會忽視他人的付出，顯得太自我。此外，別人可能會覺得他們信口雌黃，甚至不講誠信，因為他們說得太多了。

　　那麼這種情況下怎麼辦呢？

　　和那些偏好表達特質在第一部分的人溝通，可以發訊息、寫Email等等，給他足夠的時間想一想再說，不要要求他們立刻回答問題。

　　我的大女兒穎涵是個領導欲很強的人，她是美國大學裡的外國學生會主席，平時在學生會就喜歡一直說話，但回到家她就是喜歡沉默，因為她會覺得在家說話很累，要在家裡充電。我問穎涵為什麼不喜歡跟我說話，她是第一部分表達特質的人，她正在想如何回答我，但是想到一半就被我第二個問題問下去了。雖然我是一個培訓師，明知道沉默是金，最先發言的通常都會處於弱勢，但是我還是受不了她想了那麼久還不回答。偏好第一部分表達特質的人沒有欲望回答你剛才的問題，因為你已經問第二個問題了。所以當我問第二個問題的時候，她正在咀嚼要怎麼回答，卻又被我第三個問題問下去了。

　　自從我瞭解穎涵的EG密碼和特質之後，我們的關係大大改進，因為我再也不逼她馬上回答我的問題，我會用電子郵件的方式跟她溝通。

　　對表達特質第三部分的人呢，他們喜歡腦力激盪，那麼我們可以設定小組討論的規則，輪流讓組員發言，限制他們的談話時間和次數，這樣就能讓

每個人都有機會發言了。

而那些偏好表達特質第三部分的人，我還想提醒你們。你們在工作中可能會很想給同事一些建議，這樣的動機是很好的，可是在提建議之前，最好先尋求對方的許可，問問他們願不願意聽你的建議？這樣就不會讓對方覺得你強加於人了。國際教練大衛・羅克（David Rock）[11]在《沉靜領導之道》一書中特別強調，我們要給別人建議之前必須要獲得許可（Seek Permission），才能達到幫助別人和溝通的效益。

Deborah是我的好朋友，她是非常出色的培訓師。但是如果你看她表達特質的分數，你會嚇一跳，因為她是表達特質第一部分的人。也就是說，當她要表達事物的時候，她必須付出很大的精力，不像我是表達特質第三部分，越說越精彩，別人看來很累，我卻是越說越起勁。所以最好的培訓師未必是第三部分表達特質的人，希望透過這個例子，說明你的偏好並不代表你的能力。

明白了表達特質第一和第三部分的差別，那麼第二部分表達特質的人是看情形而定的，有時第一部分比較明顯，有時則是第三部分滔滔不絕。

表態特質

表態特質，是指你投放了多少能量來表達你的思想、感情和信仰。

偏好表態特質第一部分的人，不愛跟人爭執，比較和平，他喜歡支持別人，很少跟別人辯論，所以跟他們在一起有舒服的感覺。

而偏好表態特質第三部分的人呢，他們喜歡當領導者，喜歡靠辯論來學習，因為他們相信「真理是能越辯越明的」。這類型的人非常勇往直前，若相信什麼就充滿熱情地去宣揚。人們和他們在一起會覺得緊張，因為他們在

---

[11] 大衛・羅克（David Rock）是著名的國際教練，其教練公司至今已培育了3000名以上的資深教練。其著作有《沉靜領導之道》（Quiet Leadership），《Six Steps to Transforming Performance at Work》等。

順從被動·逆來順受·喜好和平·討厭衝突·溫和·從容·勝利不是一切	視情形而定	堅決·不屈不撓·隨時準備行動·有力量·喜歡競爭·喜歡傾訴·有進取心·堅強·精力旺盛
第一部分	第二部分	第三部分

自己的觀點中投入了很多能量。

例如我開車的時候，恨不得讓全世界都知道我在趕時間，我就衝一下，停一下，剎車片很快就用完了，你坐我的車是很不舒服的。我等電梯，也會一直按按鈕，明知道多按幾次也沒什麼用，還是要按。

我們來看看不同的表態特質所造成的誤會：偏好表態特質第一部分的人，不願和人衝突，總是「顧左右而言他」，別人會覺得他們不夠老實，不說實話。他們還會忽視加快腳步的必要性，做事情進度比較慢。而且，偏好表態特質第一部分的人容易在人群中「消失」，你可能會察覺不到他的存在；而偏好表態特質第三部分的人正好相反，他們總是在向前衝，咄咄逼人的樣子，別人就會說，你好霸道啊，總是把自己的觀點強加於人。

那麼如何與偏好表態特質第一部分的人溝通呢？這就應該多徵求他們的意見，說話的時候儘量客氣一些，營造一個安全的氣氛，讓他們放心地暢所欲言。要是他們感到不安全，就更不會說了。

對於表態特質第三部分的人，則要加快自己的進度，多投入能量，和他們的步調保持一致，這樣才能替你自己爭取到發表意見的機會。

而偏好表態特質第二部分的人，他們對事情所投入的能量是根據他們對某件事情的熱忱多寡而有所不同的。

變通特質

變通特質，顧名思義，就是願意去改變自己的想法。

偏好變通特質第一部分的人，喜歡固定的、較少改變的情況。他們做事情很專注，習慣在一切被規定好的環境中學習；而處在變通特質第三部分的人，他們更喜歡模糊的形勢，習慣接受一個問題的多種解法。

偏好變通特質第一部分的人，別人容易認為他太固執，不願意變通；而偏好變通特質第三部分的人，他們經常改變，別人會說他模棱兩可，沒有主見，甚至可能有人誤會他是「變色龍」，沒有標準的。

那麼我們應該怎麼做呢？和偏好變通特質第一部分的人溝通，可以提前給他們一些資料，讓他們多瞭解情況，有機會做出選擇。

而對處在變通特質第三部分的人，最好限定他們選擇的範圍，別把他們弄混亂了。我再推薦一個好辦法，可以讓他們記錄工作日誌，把自己每天做的決定都記錄下來。如此，他們要改變的時候，就可以翻一下工作日誌，也許會說：「啊，原來我昨天已經做過相反的決定了！」有了這一步，他們若要改變決定就會慎重多了。

我的小女兒逸涵從小就是第一名，我從來沒有給她特殊待遇過，我覺得那只是她在某一方面的強項。逸涵的哥哥和姐姐也很出色，也有各自的強項，所

以我從來沒有因為逸涵學習成績特別好而給她額外的獎勵。她在取得學士學位那一年跟我說，媽媽，我大學畢業之後要去歐洲旅遊。

我的行為特質是：第三部分的表達特質、第三部分表態特質。我一般說話比較直接，就跟她說，你以為我只有一個孩子啊，我有三個孩子，而且你去年因學校交換計畫去了澳洲，已經花了我不少錢，你哥哥和姐姐會怎麼想？我說：「No（不行）」。我掛了電話就在想，她從小成績這麼好，我也沒怎麼表示。她之後要去攻讀醫科，大家都知道學醫是很苦的，她就是想在開學以前去歐洲放鬆一下，然後再努力衝刺。逸涵兩個禮拜都沒有和我通電話，平時她起碼一週打給我一通電話，我猜她是生氣了，就自己打電話跟她說，你沒有給媽媽打電話，是不是生氣啦？她說不是，媽媽，我知道你是變通特質第三部分的人，雖然你說不可以，但是我是可以說服你的，但我現在已經決定不去了。

所以，你老闆如果也和我一樣是第三部分表達、表態和變通特質的人，經常罵你，你不用擔心，因為她是可以被說服的。

最後再提醒大家，無論是思考特質還是行為特質，都沒有對和錯的答案。你偏好某個特質不代表你特別聰明，這只是你的偏好罷了。

因為我們應該善於利用我們的偏好，我們如果懂得善用其才，透過自己的強項來增強做事的效率，不要太勉強自己，把自己的缺點改正好。假如你沒有某個特質，你可以聚集其他人來和你一起共事。因為「沒有完美的個人，只有完美的團隊。」至於怎麼運用自己的強項來做事、做推銷、達到團隊合作、建立信任等等，我就不在本書裡細說了。

EG談的是我們的特質，它讓我們知道，差異來自於思考特質和行為特質的不同。而這些思考和行為特質都是天生的，或者是環境影響的。有時候我們跟一個人吵架，就認為對方是壞人，其實可能只是思考和行為特質不同所造成的誤會。瞭解了EG，我們就可以更好地溝通，把事情做好。

我用EG測試做團隊培訓的另一個主要原因是，EG的標準差（Standard

Deviation）超過80%，比一般測試精確。而且這個測試除了知道自己的特質之外，也可以知道自己與團隊之間的差距，因為我們可以從報告中看出個人的每個特質與團隊的差異。

心理測試只供參考，不要妄作判斷

我們一般以為某些人適合做某件事情，我們還會用心理測試的結果作為依據。在這一點上，我們應該謹慎處理，我們要問自己，對於此人和他所做工作所需的勝任力真的有透徹的瞭解嗎？

20年前，我在做渣打銀行人事主管的時候，遇到了一個非常出色的審計主管小李，她來自瑞士聯合銀行（UBS），對國際貿易與財務非常熟悉，我們想錄用她。我想大家都會贊同作為一個審計的主管，必須具備細心和敢堅定直言的特質。因為審計，是去檢查銀行部門的錯誤，還需要和銀行主管彙報。我給小李做SHL的OPQ 4.2的測試，這個測試非常精準。它測評三十幾個心理素質，而且標準差（Standard Deviation）非常高。

但是我沒有想到，小李的測試報告說明她與其他經理級人員相比，做事的細節程度只有40個百分比（percentile）。也就是說，假如有一萬個經理來比較他們做事的細心度，小李是在第4000位，有6000人比小李更細心，這個測試結果讓我很不開心。

第二，她堅定直言（Assertiveness）的分數也在第40個百分比，我自己認為那是不夠理想的。作為一個審計主管，竟然不敢有話直說！我和銀行的總經理談小李的測試報告，都覺得很納悶，明明是一個很好的候選人，怎麼會這樣呢？但是我們很需要小李國際貿易和國際財務方面的經驗，所以還是決定錄取她了。

小李的試用期是6個月，但是我們約定每兩個月坐下來談小李的工作表現。沒想到，在第二個月，總經理遞上了申請小李升職的報告書，我非常堅定

地拒絕了。總經理告訴我，小李的確非常出色，因為她的經驗與個人魅力是難能可貴的。總經理談魅力，絕對不是對小李有特別的偏愛，她們兩位都是女性，而且從各方面的回饋都證明小李的確是一個出色的審計師和主管。我和總經理決定去請教普華永道會計師事務所的諮詢師何女士。

何女士被SHL指認為是新加坡的一級專家。當何女士聽了我們的說明之後，也覺得疑惑，她建議暫時不升小李，等兩個月後再說，並且會思考這個問題的出入點，在下一次會議的時候給我們適當的解釋。當小李任職四個月後，總經理又拿了升職的報告書給我，她說她左想右想，覺得上兩個月只推薦小李升一級不夠，應該連升三級。

我和總經理又去見了何女士，何女士聽完了我們的報告，微笑地告訴我們，這中間的問題不在小李，而是在何女士、我和總經理對渣打銀行審計主任所應具備的勝任力有錯誤的瞭解。

怎麼說呢？作為一個審計主任，她的勝任力應該是偏重於她的專業知識與技能，而這一點小李遠超過渣打銀行所有審計部的經理，所以她能鶴立雞群，在多個審計項目得到各部門經理的讚嘆。至於對細節的關注雖然重要，但對於一個主管來說，只要她能夠很好地安排工作和指導手下的審計師，只要她的手下有注重細節的審計師，小李不太關注細節的這方面可以透過團隊的優勢補足，更何況小李樂意教導手下的員工呢。她本人在職能方面的經驗足以很輕易地在審計中找到紕漏。總經理不住地點頭說，是的是的，她每一次的審計報告都非常精準，也有獨特嶄新的建議。我們真是服了，把小李審計報告中所提出的問題解決了，我們的業務流程和效率真的大大改善。

其二，是關於堅定直言。何女士說，我替渣打銀行服務多年，我的總結是，渣打銀行一般的員工上至來自英國的高管，下至普通員工，都非常地溫文儒雅，而一個強勢直言不諱的人，可能不太受歡迎，他說的話就很難被別人所接受。我明白何女士的意思，但是，我還是覺得如果小李找到紕漏而不說，那還做什麼審計主管呢？何女士笑著說，那你就對審計部門的定位不瞭解了，審

計部門有兩個責任，一個是在新產品發布之前，參與討論和提出有關法規、流程方面的建議；第二個責任是根據已訂下的部門操作流程——核對，找出違規與有缺陷的地方。他們不是政治家、不是辯論家，他們只是做報告而已，只要把事實說清楚，不必據理力爭，不必強勢。

何女士給我和總經理上了一個最好的勝任力課程。小李現在還在渣打銀行，她現在已經是全球審計總經理，假如我當初執意根據我的瞭解去判斷小李的勝任力，那麼渣打銀行可能就失去一個傑出的人才了。

 ## 利用EG與老闆溝通到位

在企業裡我們經常聽到有人抱怨說，同樣的建議，我跟老闆提他不聽，一位美女同事跟他說，他就聽了。其實，真的是這樣嗎？為什麼不好好地檢討是不是自己的溝通不到位呢？

要溝通，就要用別人的語言來說話——這不是我說的，這是羅馬政治家與演說家西塞羅（Marcus Tullius Cicero）說的：「你要說服我，你必須得照我的想法來想，照我的語言來說，照我的感受來體會。」

所以，在溝通的時候，我們要注意了：

跟偏好分析型特質（藍色）的人溝通，你就說重點，說到做到，少說空話。因為藍色特質最關心的是，你能重質重量地完成嗎？你去閒談一些無關緊要的事，會讓他們反感，覺得你太過隨意了。

和偏好結構型特質（綠色）的人相處時，應當有明確的方案，然後努力實行。綠色特質是比較循規蹈矩的，所以，如果你想介紹一些新事物給他們，最好把這個新事物和他們已經熟悉的事物連結起來，這樣能大大減少他們的疑慮。例如，要說服他們購買能上wifi的智慧型手機，最好對他們說，這種手機只是舊有的手機裝配上了筆記型電腦的無線網路功能。這種說法，比吹噓智慧型手機所謂的「新功能」，更能得到綠色特質朋友的信任。

　　和偏好人際關係型的人（紅色）溝通時，紅色思維的人最重視的是人際關係，所以和紅色特質的朋友打交道要注意的是，如何讓他們覺得你是他的好夥伴。你可以和他們分享你的故事，同時你更應該用心聆聽他們的故事，當一個好聽眾，在他們遇到麻煩的時候多表示關心，更能拉近你們的關係，溝通自然也就更順暢了。

　　和偏好概念型特質（黃色）的人溝通，你要和他們一起討論問題，讓他們看到你的大局、你的藍圖，最好用一些隱喻、設想等等，因為他們是放射性思維的。不要和他們談太多細節，因為他可能沒聽幾句話就昏昏欲睡了。

Note

EG心理測試密碼創立者
吉爾·布蘭妮博士
（Dr.Geil Browning）

布蘭妮女士是心理學博士，她創立了**EG**心理測試密碼（**Emergenetics**）。2003年，獲得了「科羅拉多傑出女企業家」的榮銜；2011她的公司被譽為美國前500家發展最迅速的企業。

Stella▶ 您認為，求職者知道自己的EG偏好有什麼好處呢？

Geil▶ 有些人去面試的時候會直接把EG的測試報告給雇主看，基本上那就是告訴雇主他們思考和行為的偏好。然而這只是偏好，並不代表一個人的能力，假如雇主對EG不瞭解的話，這樣的做法將適得其反。在美國Douglas County（縣）的所有學校，畢業學生都做了EG測試，讓他們知道自己的偏好，以便更好地決定以後的學習方向和出路。所以，我認為，求職者如果提前知道自己思考和行為的偏好是有幫助的。

Stella▶ EG只是告訴我們個人偏好，並不是個人的能力。我們公司有一個員工小劉，根據他的EG報告，他是一個第一部分表達特質的人，而一般成功的獵頭都是很喜歡與人溝通的，他們多數是偏好第二或第三部分表達特質的人。所以，如果我們根據EG報告就不會任用他。但是，小劉是我們公司出色的尋訪員，對於這一點，您有什麼看法？

Geil▶ 小劉雖然不愛表達，但是因為他在大學的專業是生物科技，而他搜尋的人剛好也是這樣的人才，那他們之間的溝通就會很有默契，很到位，所以他可以做得不錯。其次，我們要看小劉是不是回到家以後就筋疲力盡，因為第一部分表達特質的人不是不會表達，而是他們要用很大的力

氣去溝通。小劉肯定和你我都不一樣，我們兩個人都是偏好第三部分表達特質的人，我們說話絕對不會很累。

Stella 偏好表達特質第一部分與表態特質第一部分的人，在面試的時候比較吃虧，因為雇主會認為他們不夠有熱情，您說是嗎？

Geil 是的。偏好第一部分表達特質和表態特質的人需要在面試前做好充分的準備，他們甚至應該和朋友演練，以便在面試的時候有更好的表現。

Stella 請你舉一個利用EG測試，很快地決定了錄用員工的例子。

Geil 我們公司的專案總監Brad是一個偏好變通特質第一部分的人。面試時我告訴他我經常叫員工把手上的事情放下和我去做其他事情，他可以適應嗎？Brad告訴我：「不，我不喜歡，一般來說我都會把我一天的工作計畫寫好，所以，我不喜歡被別人干擾我的工作計畫，但你是老闆我就會調整我的工作計畫。」Brad的專業技術到位，而且我覺得他非常誠實。因為一般人在面試時都表示樂於變通來迎合老闆的問題。但是Brad說的和測試的報告一致，我覺得他是一個值得我信賴的人。所以，在面試當天我就告訴他，你已經被錄取了！Brad已經在我們公司工作六年了，工作業績非常出色。

Stella 請您給我們的求職者一些建議。

Geil 第一，工作品質要到位，老闆需要那些熱愛工作、能夠把事情做好的人；第二，誠信，只有當老闆信任你的時候，他才會給你更大的晉升空間，所以你必須要做一個值得信任的人；第三，願意與別人合作，因為，團隊協作是非常重要的。

　　我在這裡強調布蘭妮博士和姚遠博士都是非常注重誠信的。他們並不是把誠信放到第二位，他們給誠信的定義與史蒂芬·柯維（Stephen M.R Covey）[12]在他的書《信任的速度》一樣：誠信是能力和品德的函數。要得到老闆的青睞，你當然要有崇高的品德，但你也要有能力把事做好。

---

[12] 史蒂芬 M.R 柯維（Stephen M.R Covey），哈佛大學碩士，柯維林克公司的創建人和首席執行官，同時也是國際演講家、作家和諮詢顧問。

簡易測試你的EG密碼

透過做以下的Stella's習題，你就會知道自己的思考和行為的偏好了。（摘自《Tap into the new science of success -Emergenetics》第284頁）

一、思考特質

請你從下面中圈出幾個最能形容你的詞。要注意的是，你圈出來的這些詞不是別人對你的看法，也不是你對你自己能力的評價，而是能夠體現你個人傾向、偏好的詞語。你在哪一組的圓圈越多，就說明了你的思考特質更偏向於那一組。

藍色（分析型）		黃色（概念型）	
根據邏輯判斷	喜歡提問	有創造才能	有全盤觀
理性	有批判性思維	新穎的	不拘泥於傳統
理智	喜歡調查研究	尋求變化	有想像力
客觀	喜歡追根究柢　喜歡數學	容易厭倦	喜歡與眾不同的事物
透過分析學習	注重邏輯	透過實驗學習	注重想法
綠色（結構型）		紅色（人際型）	
關注細節	有條理	敏感	關愛他人
循規蹈矩	傳統	願意付出	有同情心
做事有系統	行為可被預測	對人友好	有同理心
遵守規範	踏實	助人為樂	富有感情
對新想法較保守	透過實踐學習	喜歡社交	透過跟他人交往學習
注重流程		注重人	

二、行為特質

行為特質包括「表達特質」、「表態特質」和「變通特質」。你看看以下的描述，哪些描述最符合你的情況。

1. 在表達特質方面。（表達特質是對他人、對世界的情感的外部表現。）

2. 在表態特質方面。（表態特質在表達想法、感情和信仰時所投入的精力。）

3. 變通特質。（變通特質是適應他人想法和行動的意願程度。）

5.充沛的正能量（Revitalize）

老闆要樂觀積極的員工，因為這樣的員工才有熱情去解決問題，而不是給自己和團隊潑冷水。人們很容易放棄，一會兒說得熱血高昂，但是轉瞬之間卻又洩了氣。我們不要合理化自己的不用功，找不積極的藉口。要每天進步一點點，每天燃起正能量，要知道人是有惰性的，選擇放棄具挑戰性的事情是人的本性，我們可千萬不要自己騙自己。

哲學家亞里斯多德（Aristotle）說：人們最高的追求就是找到快樂。離苦得樂是人本能的行動力，但是，快樂不是偶然的，它是一種選擇。態度決定一切，即使困難重重，我們還是可以選擇快樂，用適當的方法去處理問題。沒有人會特意來讓你快樂，你自己必須自律，努力經營與人的關係。

慈濟功德會的證嚴上人教他的信眾要懂得知足、感恩、善解和包容，那是慈濟的「四神湯」。我們要感恩我們已經擁有的，當遇到不如意的事情，樂觀的人會問：「我在這件事情上學到了什麼？」、「我該怎麼做不讓同樣的事情再發生？」我們應該活在當下，把專注力放在改變自己和可以改變的事情上。

有正能量的人是這樣的

這裡介紹馬丁・塞利格曼教授（Martin E. P. Seligman, PhD），他的書和他的課程之所以會風靡全球，是因為他跟一般的心理學家不一樣。他說一般的心理學家一直都在追溯病人的患病原因，甚至追溯到事件的前世今生，這樣做可能可以讓問題變得更加清楚，但必然會讓那些慘痛的記憶重新加深。例如，一位少女被強暴，那種慘痛的經歷在她的回憶中不停地重複、重複，最後甚至精神出現問題，變得歇斯底里。若向傳統的心理學家求助的

話，就需要她重述那天發生的事情，少女只好一次又一次地回憶，最終給自己留下了不可磨滅的烙印。但如果讓馬丁教授來治療的話，他的做法並非如此，他不追溯為什麼（Why），而是跟病人探討怎麼做（How）。

馬丁教授認為同樣面對一件事情，悲觀和樂觀的人他們的語言模式是不一樣的，而語言模式可以表現出一個人的心態。例如，面對不好的事情，悲觀的人會誇大其詞的說：「老師都對我有偏見」、「我在運動上老是笨手笨腳」、「沒有人喜歡我」……而積極的人面對不如意的事情，說話就非常有針對性，他會說：「李老師對我有偏見」、「我只是不會踢球而已」、「小明不喜歡我」。

當遇到好事情的時候，一個樂觀的人相信好事會因為他做的某些事情而接連不斷地發生；可是那些消極的人會認為他只是在這件事情上比較幸運而已。舉例來說，消極的人會說，我在數學上有天分，而樂觀的人會說我是一個有天分的人；又如消極的人會說，瑩瑩邀請我參加她的派對是因為她喜歡我，而樂觀的人會說，瑩瑩邀請我參加她的派對是因為我是一個受歡迎的人。再舉一個例子，消極的人會說，我是這部歌劇的主角，是因為我歌唱得不錯，但樂觀的人卻不這麼想，他會說，我是這個歌劇的主角是因為我是一個有演戲天分的人。你可以從上述例子，清楚地看到自己的影子嗎？

悲觀的人遇到任何一件不好的事情都會覺得自己不行。這樣的話，每天都會覺得自己這也不好、那也不好，反正就是什麼都做不好，也不討人喜歡，所以就很難樂觀起來。而那些樂觀陽光的人，他們會一直覺得自己很不錯，唱歌很好，踢球也很好，只是數學不太好，這也沒什麼關係。所以他在做事情的時候就會有連續不斷的正能量支持著他，也就更容易獲得成功。

樂觀的人無論發生了什麼事情都會全然接受，不排斥、不拒絕、不選擇。他們會把任何事情看成機會，所以當危機發生的時候，當成是成就自己的因緣。那麼你是否願意採取樂觀的思維，開開心心地過好每一天呢？

我們要謹記不要把自己的不如意歸咎於別人，凡遇到不如意的事都應該換個角度，接受各種機遇給我們的挑戰和磨練才能有提升的機會，因為自哀自憐也是於事無補的。澳洲的激勵大師力克・胡哲（Nick Vujicic）沒有四肢，但卻經常自我調侃地說：「我和別人不一樣，沒有了手和腳，我就不會撞傷。」這是何等開闊和積極的心態啊！

哈威・艾克（T・Harv Eker）[13]的《有錢人和你想得不一樣》（Secrets of the Millionaire Mind）這個課程和書風靡世界，也非常有意思。他說的不是財富多少的問題，而是一種富有的心態。因為窮人和富人的思維方式完全不一樣，窮人會說「我的命運受老天的擺布」，他們會以一種受害者的姿態出現，他們遇到問題的時候會抱怨、自圓其說。書裡也談了很多富有的人和窮人之間的不同，如果我們認為是身心的富有才是富有，那麼這本書是很有可取之處的。富人有很大的願景，富人看中的都是機會，即使遇到障礙和不理想的事情，他們是很好的接收者。也就是說，他們在每一個事件裡，都會提升、學習，而窮人想到的只是障礙。富人喜歡跟成功的人在一起，討厭跟失敗的人在一起。

中國有句成語「近朱者赤，近墨者黑」，如果你沒有和成功的人在一起，那你就不知道什麼是成功，也不知道成功的方法，那肯定很難成功。

積極思維的人，他們做事都會用結果導向的方式去思考。當他們遇到困難的時候，不會問「為什麼」，也不會在那裡自怨自艾或者擔心怎麼去完成，杞人憂天。因為他們探討的是如何把事情做好。

預見未來的我

我們要注意自己的想法，因為每件事情在我們的生命中都至少發生過兩

---

[13]哈福・艾克（T・Harv Eker），其暢銷著作是《有錢人想的和你不一樣》。他以「給我五分鐘，我就能算出你下半輩子的財富狀況」而出名，哈福・艾克是透過辨識你的《金錢和成功藍圖》做到的。

次。舉例來說，建築工程師在他構圖設計的時候就已經看到建築物的雛形了，然後，那棟建築物才巍然而立。就以你自己為例吧，你今天是某某大學的學生，那是因為你曾經想過你會是個大學生。

我讀小學一年級的時候，就已經預見我是一個大學生了，為什麼呢？因為我爸爸特地請舅舅幫我買了一個書包，到現在我還記得那個書包的樣子，就是棕色的四方型，有點像公事包，是假皮製作的。

爸爸帶著我去舅舅家，我永遠記得，爸爸拿到書包時興奮的樣子，他說希望秀清好好照顧這個書包，可以用到她讀大學。當然這個書包，沒幾年就壞了，但是在我的心裡卻非常地堅定，我一定是個大學生，我戴四方帽的影像在我的腦海裡早就出現過很多次了。所以當我穿上畢業袍的那一天，只是把這個影像重演一遍罷了。

我們要能預見自己成功，才會成功！如果你自己都不相信會進入你夢寐以求的公司、做你想做的工作，那麼你就不會努力地去爭取，也就不可能達成目的。

二十幾年前我加入渣打銀行的時候，我們的總經理是Dennis，他是新加坡渣打銀行總行的總經理，是最「牛」（注：最紅、最有本事）的了。他每天都穿著筆挺的西裝，會有很多人來找他請教。我見過新加坡前財政部長來找他談話，因為渣打銀行總行的經理應該是學問淵博，深諳經濟形勢的。Dennis在新聞界也非常有名，因為他經常寫經濟社評。

在渣打銀行，很多「牛人」都擁有很高的學位，或者有很好的銀行從業背景。我看過Dennis的背景好多遍，他只是一個中學畢業生，卻能夠成為渣打銀行總部的總經理，統領一方。

有一次我終於按捺不住地問他，你只是中學畢業嗎？Dennis說，社會就是

大學，好好做事就是大學。我又問，聽說你第一天來上班就穿得西裝筆挺，被經理罵說你只是做櫃臺出納，卻給人造成錯覺，像經理一樣。Dennis回道：「我從來都沒有想過要一輩子做出納，我要當總經理，我就是要穿得像總經理一樣，我首先要讓衣著將我帶到那個位置。」當然他也一直在學習，參加很多的培訓。最關鍵的是，他讓自己從內到外都儼然像是一個總經理的樣子。

要達成目標，我們可以透過預見未來的方法，把你的眼睛閉起來，想像一下你所追求的目標，想像我們發生的事情和生動的畫面，就像電影一樣。你可以預見所有的障礙和困擾，也就可以提前找到解決方案。因為你用這個方法提前做好了準備，自己早就知道該怎麼做了。這種心靈強化的方式，可以使用在各種情況。

我們如果相信自己可以做什麼，我們就可以做到。我們如果有信心，相信自己值得擁有好朋友、好家庭、好事業、好生活，就可以把能量傳遞給對方，讓別人也支援你，這就是「自我實現的預言（Self-Fulfilling Prophecy）」。

我是一個經常演講和唱歌的人，人們都問我為什麼不緊張。我告訴他們我經常會提前到達演講和演唱的現場，可能的話，我會走到臺上，預見整個觀眾席的氛圍，我還會要求燈光師讓我提前感受演唱或演講時的燈光效果。做了這樣充分的心理準備，上臺時就不會膽顫心驚，反而會覺得越來越有自信。其實在家裡的時候，我也會做演唱或者演講的冥想。

唐·哈馬克（Don Hamachek）是密西根大學的教授，他在他的著作《面對自己》（Encounters with the self）書裡提到，每個人的行為是和他所預見的自己是一致的，因此我們就會實現自我的預言。他還說，我們一般會透過自己的行為創造環境，讓自我的預言持續不斷地迴圈，也因此鞏固了

我們對自己和別人的最高期望和最壞的設想。

當我們設定了目標就要堅信自己一定可以達成，不要為自己設限，不要找藉口。要問自己：「是想要？」、「還是一定要？」如果是一定要，那麼我們就必須要做出超人的努力，勇往直前。哪怕困難重重也一定要堅持不懈，去戰勝恐懼，因為它是成功最大的絆腳石，我們必須要學會自我暗示。

改變來自我們堅定的決心，在過去，我們很多事情不去做是因為我們擔心事情萬一做不成怎麼辦？結果這個萬一變成了一萬（真實）。所以在我們追求目標的同時一定要發揮正能量，要能看到自己追求快樂成功，脫離痛苦，不把精力浪費在擔憂的事情上。

自我暗示

當我們承諾給公司創造業績、承諾要超越自己，做到最好的時候，我們難免會有所恐懼，甚至會退縮。這時我們除了要能預見成功的自己之外，還要懂得透過自我暗示的方法來戰勝恐懼。

安東尼‧羅賓（Anthony Robbins）是美國著名的激勵大師，除了他之外，也有不少「新時代」的作者，都創造了自我激勵的語言，例如露易絲‧海（Louise L. Hay）[14]，哈威‧艾克（T. Harv Eker）等等。有不少人都會在早上大聲朗讀自我暗示的口號，也有不少企業讓員工在早會時大聲朗讀公司的自我激勵口號。可能你不太喜歡這樣的做法，但是我覺得如果你的能量不是很積極，甚至有一點消沉的話，那麼每天的自我暗示還是有必要做的。

根據大腦研究報告，我們的潛意識裡裝著很多爛草莓，這些爛草莓沒有

---

[14] 露易絲‧海（Louise L. Hay），是美國最負盛名的心理治療專家、傑出的心靈導師，同時也是著名作家與演講家。她是全球「整體健康」觀念的宣導者和「自助運動」的創造者。露易絲‧海揭示了疾病背後所隱藏的心理模式，其認為每個人都有能力採取積極的思維方式，去實現身體、精神和心靈的整體健康。其著作《生命的重建》、《女人的重建》、《心靈的重建》等作品已由北京磨鐵圖書有限公司策劃發行。（注：台灣由方智與生命潛能出版）

辦法一一被炸掉，而且每天都有人因為自己做不好事情而在潛意識裡種下了負面的記憶，在我們的潛意識裡又增加了不少爛草莓。所以，天天對自己說好話，是能夠提高自己的正能量的。你要把你的夢想清楚地寫下來，並貼在顯眼的地方，隨時提醒自己，甚至可以把夢想錄下來，早上聽，多聽幾遍。

在這裡引用安東尼·羅賓自我確認的能量口號：「我愛我自己！我喜歡我自己！我是最棒的！我每天神采飛揚！我是頂尖的獵頭！我是頂尖的銷售員！我是頂尖的上班族！我擁有大量的財富！我擁有大量的人脈！我擁有寬廣的胸懷！我擁有超強的執行力！我是情緒控制的高手！我相信，我感恩，我是一個向上的力量，我能排除萬難！向前！向前！向前！」

露易絲·海在《生命的重建》一書中也有很好的心理暗示範本：「在廣闊的人生中，一切都是完美、完整、完全的！我擁有創造自己的力量，我完全開放接受世界賦予我充足的財富，所有我需要和期望的，我還沒有提出要求，就已經被我獲得……」

我特別喜歡薩提亞（Virginia Satir）的詩句《我就是我》的一段：

我知道，我身上有些地方讓自己困惑，

有些地方我自己還不瞭解，

但是只要我能友愛地對待自己，

我就能滿懷勇氣和希望去尋求解答，

找到更加瞭解自己的方法。

I know there are aspects about myself that puzzle me,

and other aspects that I do not know.

But as long as I am friendly and loving to myself,

I can courageously and hopefully, look for solutions to the puzzles

and for ways to find out more about me.

……

我可以看，可以聽，可以感覺，可以思考，可以說話，可以做事。

我有辦法生存，親近他人，

我有價值，有意義，

能夠在人海和外在世界中找到規律。

我就是我，一切都很好。

I can see, hear, feel, think, say and do.

I have the tools to survive, to be close to others, to be productive,

and to make sense and order out of the world of people

and things outside of me.

I own me, and therefore I can engineer me.

I am me and I am OK

像這樣的自我暗示，我們可以上網搜尋，或者自己製作。

我因患有足疾而不利於行，我每天給自己的自我暗示是「請阿彌陀佛慈悲加持，清除我體內細胞那些造成疼痛的記憶，讓我康復的能力大大提高，並把療效增加到一百倍或以上。」我清楚知道我當前最迫切要解決的問題是能夠好好走路。但是你有沒有注意到，我沒有提腳怎麼了，因為不停的提到腳有問題，那會在我的潛意識裡種下「爛草莓」，所以我只是告訴自己，凡是疼痛的記憶都會消除，身體有康復的能力就行了。

我建議你也想一想正面的自我暗示，像安東尼・羅賓一樣，他曾經幾次破產，但是他的自我暗示都不會說我沒有錢、我要有錢，而是說我擁有很多財富。就是從成果上來說，把「理想的狀況」種到自己的潛意識裡。

其實，華人精湛的傳統文化，也是可以給我們自我暗示的。青島大洲公司的劉克成女士是推廣中國傳統文化的大功臣。她的公司有好幾百名員工，每天早上員工會分成十幾人、二十幾人的小團隊，然後大聲朗讀一段《弟子規》，對前一天工作進行檢討，我認為那是非常棒的做法。

　　所以如果你不願意寫和朗讀自己的自我暗示，那我建議你翻翻《弟子規》，每天讀「身有傷，貽親憂；德有傷，貽親羞」的句子，你每天自我暗示身體髮膚受之父母，我們要保持健康的身心，免得父母為之操心；更要注意修煉德行，免得父母為子女不道德的行為蒙羞。或者用《弟子規》裡其他的句子提醒你自己，要有高尚的品德，要努力學習，那不是很好嗎？

　　我們可以運用自我暗示來增強心理的預見能力。首先，我們可以想像達到目標時的情景，然後寫下一段積極的誓言，並大聲地不斷重複。就像Dennis一樣，當他幻想成為渣打銀行總行的總經理時，他開始以總經理的角度思考，穿得體的衣服，像總經理一樣規劃時間，一樣做事。當你相信你的新形象時，別人也會開始相信你，你就能擁有成功。

　　所以當我們做自我暗示的時候，可以把我們的目標具化為圖像，每天看，心裡的動力就會更強了，或者是透過文字，放在明顯的地方，每天看到這些激勵的口號就會使自己更努力去達成目標；第三是音樂，適當的音樂可以鼓舞我們的精神和士氣。

　　積極的暗示會對人的情緒和生理狀態產生良好的影響，激發人的內在潛能，發揮人的超常水準，使人進取，催人奮進。當你跟消極的人在一起的時候，其實他在你的潛意識裡，就注入了消極的心理暗示，使你在不知不覺中變得消沉、頹廢和平庸。遠離你身邊消極愛抱怨的人吧！和勤奮的人在一起，你不會懶惰；和積極的人在一起，你不會消沉；跟著蒼蠅你會找到廁所，跟著蜜蜂你會找到花朵。所以你和誰在一起很重要，和什麼樣的人在一起，就會有什麼樣的人生。就像電腦程式一樣，如果你輸入的是垃圾，你輸出的也一定會是垃圾。所以，我們必須給我們的心靈輸入完美的圖像。

談吸引力法則的書籍很多，例如《秘密》**⑮**，你們可以自己去看。但我真的體會到正能量和心想事成的大自然法則在我的身上的確是實現了，我有時甚至會認為我實在是太幸運了。我們的腦袋是一個大磁場，這個磁場可以吸引好的東西。有錢的人，他們說的話和他們的自我暗示都是正向的，可惜有些人天天給自己的腦袋種下負面的暗示。

我有一個親戚非常有錢，過年我去她家，她就一直不停地說：「哎呀，你看你們好幸福啊！」、「你好漂亮啊！」他們家到處充滿了幸福幸運的磁場，所以他們家就越走越好。然而過年的時候我去花市，賣花的老闆娘就一直在說：「哎呀，你看啦，我們是窮人啦，我們好苦啊，過年都還要賣花」。如果她天天說苦啊、苦啊，那她就會很受罪，也就沒有什麼動力去改變自己現在的狀況。

西蒙說：你的爛草莓還在！

我們可能下了很大的決心要改過、要成功。但是我們的爛草莓其實還不停地吞噬我們的想法。我在多次的演講中都做過下面的遊戲來證明這一點。

遊戲是這樣的，首先，我們講好一個規則，就是如果我沒有說「西蒙說」，那大家就別做我說的動作。我問大家聽清楚了沒有，還要他們重複我說的話，大家都說聽懂了。「我沒有說西蒙說，就不要做那個動作，」我說：「好。那現在開始吧，請大家站起來」，結果全場站起來了。我說：「唉，我

---

⑮《秘密》（The Secret）的作者朗達‧拜恩（Rhonda Byrne），其被《時代雜誌》列為全世界最有影響力的100人之一；在新一年「全球最有影響力的人：創造者和巨擎人物」評選之中，更是唯一以作家身分與路易威登的總裁、任天堂的首席遊戲製作人宮本茂，以及百事可樂公司總裁、蘋果公司創始人史蒂夫‧賈伯斯名列全球13位最有影響力的人物。

可沒有說西蒙說呀，你們怎麼都站起來了？」全場譁然。

那我說：「好吧，你們坐下」，又有很大部分的人坐了下來，但也有些聽眾都意識到我沒有說西蒙說，就沒有坐下去。接下來，我說：「西蒙說，站起來」，大家都站起來了，我邊說邊示意大家拍手，又是一堆人在拍手。我說，知道了嗎？你們明明知道規則，如果我沒說西蒙說就不要做動作，你們都很清楚，但是潛意識卻起了很大的干擾作用，而我們卻不自知。

我繼續玩這個遊戲，大部分的聽眾都能按照遊戲規則玩好這個遊戲。這個遊戲很好玩，你可以跟身邊的朋友分享。

我們要有意識地提醒自己，「知道了」不算，「做到了」才算。很多事情，我們知道了，想做了，卻沒有辦法做到，那是因為我們的「爛草莓」還在干預我們。

蒂莫西‧加爾韋（Timothy Gallwey）[16]認為我們的內心有一些障礙不停地在破壞我們的理想，使我們不能很好地享受我們的工作。我們要懂得戰勝我們的內在世界，我們內在的障礙是恐懼、是對改變的抗拒、是拖延、是懷疑、是不專心、是給自己設限等，它在很大的程度上影響我們達到成功和實現我們的潛能。

蒂莫西‧加爾韋教我們要把專注力集中在要做的事情上，例如我們打網球就專心，人球合一，不要想著外面的天氣或人們在喝彩等，你要聽的是球落地的聲響，還有觀察球在空中來回的弧度，同時專注在雙方接球的節奏。

要炸掉爛草莓不容易，但是我們可以在我們的潛意識裡種下新的、積極的想法。當我們下定決心要成功，且這個決心的成果要能夠看到、聽到、感

---

[16] 蒂莫西‧加爾韋（W. Timothy Gallwey）是著名的教練，其經典著作都圍繞著「瞭解我們學習時的內心世界」，例如《The Inner Game of Tennis》、《The Inner Game of Golf》、《The Inner game of Music (with Barry Green)》、《Inner Skiing and Inner Game of Work》尤其是《The Inner Game of Tennis》已銷售超過100萬本。他的教練理念在職場、體育界和教育界都非常受到讚譽，AT&T, Coca-Cola, Apple, and IBM都使用他的理念來教導員工如何發掘自己的內在潛能。

覺到並且讓自己深深的知道。我們用這新的圖像來取代干擾我們的爛草莓，把十年內你最渴望的目標畫面清楚地印在腦海裡，重複就是力量。

最近有不少談心靈成長和成功秘訣的培訓，他們都很強調要把願景和渴望貼在自己製作的「夢想板」上，並且要把這個夢想板放在各個顯眼的地方，每天提醒自己要為夢想努力。除此之外，他們也非常強調要經常自我激勵，把夢想大聲地說出來，說給自己聽，也要說給別人聽。除了對未來無限憧憬，還要有身臨其境的感覺。

自我效能

我們前面談的，可能有些人不太能夠接受新時代的理念，那我就在這裡淺談在學術界比較認可的「自我效能（Self-efficacy）」的概念。「自我效能」是阿爾伯特・班杜拉（Albert Bandura）[17]教授所提出的。班杜拉指出，自我效能指的是一個人對自我能力的信心，而這個信心不是在那裡大喊口號，而是我們對某件工作所能夠達成的信心，當個人自我效能的預期越高，他就會傾向於做出更大的努力。而達成自我效能的因素是：

一、成敗經驗：過去成敗的經驗讓我們對自己以後所做的工作產生信心。這裡指的經驗必須是指自己過去做過的富有挑戰性的事，不是那些沒有經過努力就可以輕易達成的事。因為過去曾經做過有挑戰性的事，才能夠給當事人信心去達成新目標。

二、榜樣效應：看到別人持續不斷地成功和努力，可以作為自己的榜樣。

三、言語勸說的力量：我們的身邊需要有正能量的人，他們能給予當事人很有效的鼓勵。

---

[17] 阿爾伯特・班杜拉（Albert Bandura）是史丹佛大學的教授，他曾獲得16所大學所授予的榮譽學位，同時也是《美國心理學家》、《人格與社會心理學雜誌》、《實驗社會心理學雜誌》等20餘種雜誌的編輯。

　　四、情緒的激勵：情緒狀態和生理狀況會影響一個人的自我效能感。在面對困難的時候，用熱情來燃起正能量，可以提高一個人的自我效能意識。

　　要改變自己的情緒，首先要改變你的肢體動作，安東尼羅賓曾說如果你發現某個姿態讓你沮喪，那你就換一個姿態吧！要留意自己思考的焦點，絕大多數人都是責備自己的高手，所以我們要注意改變自己的語言和心態。用正面積極的語言與心態愛自己。我們要永保快樂的心，要隨時有良好的自我意識，快樂且有自信。

　　總而言之，有正能量的人，他們不是影響別人，就是讓正面的人物和言語來影響他們。

Stella's智題 從今而後，我都要接受別人的幫忙

除了要懂得自助，例如預見成功的自己和自我暗示之外，我們還要懂得接受別人的幫助。我不是叫你攀親帶故，或者毫無羞恥地要求別人幫助你。而是讓你知道我們身邊如果有資源，就應該接受別人的幫助與支持。那些不願意讓別人幫忙的人，他們多數是擔心欠別人的人情、不好意思，但其實有更深一層的問題是因為自己不是那一種樂意幫忙別人的人，所以他們拒絕接受幫助。我們應該豁達一點、把心態調整好，別人幫了我，我未必可以報答幫助我的恩人，但是我可以把這個助人的愛擴大，多幫助他人。

當然也有那些願意幫忙別人的人，他們就是不願意給別人添麻煩，我很讚嘆這樣的人，但是他們必須要上生命的一個重要課程，那就是：

「我從今而後，允許並接受別人愛我和支持我（I shall now allow others to love and support me）」。

我們要知道一個樂於幫助別人的人，首先內心必須強大，願意接受別人的愛與支持。也許你會跟我爭辯、不同意我這種自私的想法，但是我請你回想在過去一生中，有多少次因為好強、愛面子而拒絕了朋友、親人甚至是敵人給予我們的幫助，結果導致後來自己吃虧、受苦、懊惱呢？一定要試著回想，我給你這個功課，現在就寫十件因為你拒絕接受愛與幫助的事項，要認真地去做這個功課，我保證你會淚流滿面。請你牢記這心中的感悟，然後堅決的告訴自己：

「我從今而後，允許並接受別人愛我和支持我（I shall now allow others to love and support me）」

你可千萬別小看這個Stella's智題，不要問我真有這樣的人嗎？真有十件事那麼多嗎？肯定有。因為我們都是受害者，我們的一生可以更成功、更快樂、更順利，但就是因為我們沒有開放的心態，不願意去接受別人的愛與支

持，結果變成怎麼樣呢？你自己總結一下吧。

　　回想你在過去的三年，因為不願意接受別人的愛與支持，將這些事列出來，並且在下面寫上你的遺憾和懊悔。

　　那些我拒絕接受愛與支持的事，和我好遺憾與懊悔的事：

❶ _____

❷ _____

❸ _____

❹ _____

❺ _____

❻ _____

❼ _____

❽ _____

❾ _____

❿ _____

　　我會針對以上的事做以下的補救和提升：

❶ _____

❷ _____

❸ _____

❹ _____

❺ _____

❻ _____

❼ _____

❽ _____

❾ _____

❿ _____

你一定要把這個Stella's習題做了，然後還要把整個事情做一個完整的終結。請針對以上的每一件事做出相應的補救方法或者樹立新的思維。

例如，你在(1)上寫：「因為沒有接受母親給我的補品，或者覺得她囉嗦，對她沒禮貌。」你的懊悔是：「傷了母親的心。針對這件事，我就回家好好地抱抱母親，親親她，這就行了。」每件事情都應該畫上一個完整的句號，你會很開心的。

再舉一個例子，你的好友要介紹一個男性朋友給你認識，你沒有問清楚就拒絕了，後來知道那個男生其實蠻不錯的，但你已經和他的緣份失之交臂了。我不是要你去把他搶回來，你的懊惱是得罪了一個好朋友，失去了一個機會。那麼你的反思和檢討就可能是「以後我不要主觀性太強，我可以心態開放一點」，這樣就行了。

老闆要看的是員工的互助和互愛。為了公司的績效，你樂於接受同事的幫忙，但這並不代表你是一個弱者。因為你的謙卑和顧全大局，你接受了同事的幫忙，同時也會把這個愛的能量傳遞出去。所以，這是一個好員工所應該具備的素質。

 6.以戒為本（Rules）

這是最重要的一章。一個人沒有工作，沒有錢，很可憐；一個人沒有健康，很可悲。但是，一個人沒有誠信，很可恨，他就完了。

我們在紛亂的大趨勢下，要做到八風吹不動，站穩自己的腳步，不同流合污，不言而無信，就應該有基本做人的原則和戒律。我在這裡會談到感恩、謙卑、誠信和尊重。

一個實實在在的人會知道這一切都不是理所當然的，因為他知道一個人是做不好事情的。可惜我們現代人都把小孩慣壞了，他們一味地索取——我要這個、我要那個、我喜歡這個、我不喜歡那個。這種心態造成他們不懂得珍惜自己所擁有的和身邊的每一個人，真是要不得。

在這裡我要引用《大亨小傳》（The Great Gatsby）這本名著來提醒讀者，當我們要去追尋我們的夢想、想獲得成功的時候，一定要堅守原則和戒律，一定要問清楚自己，我們為什麼活著？我們要過什麼樣的生活？

《大亨小傳》這本小說是美國著名作家法蘭西斯‧費滋傑羅（Francis Scott Fitzgerald）寫的。從表面看來這本書好像是在描述一個男人和女人的愛情故事，然而事實上卻是在談論一個很沉痛的主題——「美國夢」的崩潰！故事非常地發人深省。

這個故事敘述了1920年工業革命之後，那是美國品德和人性破產的年代。作者在書裡面譏諷貪欲和人們對於所謂「快樂」的追求。當時，美國出現了不少暴發戶，他們奢華的生活與他們醜陋的心靈形成了強烈的對比。「美國夢」本來是一個快樂的願景，代表了人們希望實現自我的美好願望。但是在這個小說裡，我們看到的是來之不正的財富和墮落的社會價值觀，腐敗、貪污、墮落取代了美好的美國夢。

劇中的主人翁蓋茲比透過不法的經營追求成功，追求財富。當他得到這一切之後，就癡心妄想地想追回以前所失去的愛情。他的女友Daisy根本不值得他的愛，因為她是一個非常看重勢力的膚淺女人，她和蓋茲比好是因為蓋茲比騙她自己有錢。但Daisy不僅注重金錢，更注重門第。她沒有遵守承諾，在蓋茲比當兵的時候就嫁給了名門貴族Tom，Daisy與他的丈夫Tom窮奢極侈，男女關係混亂，他們有錢卻沒良心，在一定的程度上，他們是用「錢」來欺負人的。

當Daisy和蓋茲比再次相遇之後，還發生了紅杏出牆的關係，Daisy不僅不守婦道，而且極端不負責任，是個無情無義的人。她自己開車撞死了劇中另外一名女主角含羞草（Myrtle），就和丈夫Tom一起把這個責任嫁禍給蓋茲比，然後自己逍遙法外，去國外旅行。含羞草是Tom的情婦，是一個卑微又不長進的女人，作者替她命名為含羞草，喻意是可以隨便被踐踏。

含羞草為了要攀龍附會，表現得像一個妓女一般。含羞草的丈夫憤世嫉俗，他代表著被欺壓的無產階級，後來他不分青紅皂白，被Tom矇騙，錯殺了蓋茲比，自己也含恨自殺。這樣的情節是否給你很大的啟發呢？

📖 誠信守法

湯馬斯・佛里曼（Thomas.L.Friedman）[18]說中國現在缺失的不是創新文化，而是一種更基本的東西——誠信。在當今的社會，我們有前所未聞的改變，在全球化的大趨勢下，不斷地出現顛覆性的技術，在這種急劇改變的形勢下，有些人被大風吹得亂了陣腳，做出了自己都覺得汗顏的事。

我們要尊重法律和他人的權益，要秉守誠信，不為利誘，做到專業、有良心、有素質，做一個八風吹不動，坦坦蕩蕩正正當當的好員工。

有良好品德的人，他們做事都有很好的動機和誠信度，別人可以從你做

---

[18] 湯馬斯・佛里曼（Thomas L. Friedman）最經典的著作是《世界是平的》。他在《紐約時報》每週三、五見報的國際事務專欄，透過其供稿系統，固定被全世界七百多種報紙轉載。其擁有五所美國大學的榮譽博士學位，在新聞工作之餘，他也是哈佛大學的客座教授。

的每一件小事情看出你的品德。

我們的社團很高興請到一位著名的管理教練替我們演講三天的教練技術。因為這個課程技術實踐的比重很大，所以只能給30個人參加，很多晚報名的人都被拒絕了。可是開課的那一天來的人只有20位，為什麼呢？因為其中有10個人說臨時有事不能來了，也不提前打電話通知主辦方，把名額讓給他人。

我不知道別人怎麼想，但我覺得這10位缺席的人就是沒有誠信，非常自私，搶先報名，卻不珍惜這個機會，不能來上課也不提前通知，有一些人甚至還堂而皇之地說，我另有急事嘛。

有一位老師教學習方法的課，講得的確非常好，她把某個國外大師的學習方法用得淋漓盡致。但整場演講，她完全不提原作者。有人問她為什麼沒有提這個學習方法的出處？她卻一口咬定，自己完全不知道有這個原著。就像美國前總統林肯說的：「你可以騙人一時，但絕對不能蒙人一世」（You can fool some of the people all of the time, and all of the people some of the time, but you cannot fool all of the people all of the time.）。」

我們嚴守品德可能看起來很保守，但是我們不要急功近利，因為品德是無價的。

我的公司是做高管搜尋的。8年來，也經常遇到候選人偽造履歷的事，我們都非常嚴格地去做背景調查，絕不為了拿到推薦傭金就對客戶蒙蔽事實。

曾經我們的公司有一個大Case，就是為某著名造紙集團找他們的首席代表。候選人已經被確認了，我們高高興興地在做背景調查，但在這個過程中，我們赫然發現候選人有兩處造假，一是他最終離職的薪酬，二是他呈交給我們的推薦報告。當我們知道這個事情後，便連夜打電話給集團的人事總裁杜總。杜總非常驚訝，他說Stella，你知道這個Case你的傭金將是30萬嗎？你就這樣放

棄這個候選人嗎？你查清楚了嗎？我告訴他，我當然知道30萬對我們這樣的一家小公司的利害關係，但是我更注重誠信，這個候選人雖然看起來蠻合適的，但若一個人在履歷中造假，他即使有很大的能耐，也絕對不可以聘用。雖然這個候選人給了我們兩封很有分量的推薦報告，但是我們還是自己做了追蹤，進而發現這個人的背景是有問題的，所以，別請他了。杜總非常感動，他給我們公司寫了一封推薦信，他告訴我們，隨時可以把他的信交給我們的準客戶，而且之後也給了我們不少Case做。

誠信是用來要求自己的，不是要求別人的。

Lisa有一個客戶，第一次跟她合作時是去參加新加坡的展覽。出去的時候貨物申報得很籠統，導致貨物回國的時候遇到很多麻煩，在新加坡滯留了半年之久，產生了很多的額外費用。雖然這件事情客戶要負很大的責任，但是Lisa還是樂意承擔部分虧損，她告訴客戶，先把這次的罰款全部付清，等到明年參展的時候，她會給客戶特別優惠，來負擔這次虧損的一半費用。

客戶半信半疑，但也沒辦法。

第二年，Lisa遵守了她的承諾，雖然沒有白紙黑字的簽字，Lisa還是給了客戶特別的優惠。這件事情發生在十年前，客戶每年都要去國外參展，而Lisa的公司是這個客戶唯一的服務商。這樣的長期合作，來自於誠信。

企業要懂得誠信，作為企業的代表員工，也要注意一諾千金，履行承諾。

史蒂芬‧柯維說，值得信任的人，除了要有良好的品德之外，還要有能力。你要拿出成果來，你做事要可靠，例如一個眼科醫生，醫術非常高超，但我們不會放心讓他去給心臟病人做手術，因為他沒有做心臟手術的能力。作為一個好員工，我們必須要紮實的把技能、經驗提升，讓我們成為公司的

支柱，讓我們的同事、客戶都能夠因為與你合作而得到實際的成果。

很多年輕人不努力耕耘、不實事求是，只會侃侃而談，在能力和品德方面有問題，那麼信任自然就會破產。所以我們在這裡強調做人的基本操守，哪怕是利益當前，或者自身利益受損時，都要能堅守誠信。

尊重

一個有誠信的人，是值得我們尊重的。我們一般尊重別人，也希望別人尊重自己。但是我們不能彼此交換尊重，我們不能用數量來衡量尊重，我們必須要透過德行來贏得別人對我們的尊重。當一個人舉止顯得魯莽，其實也說明了他對某件事或某個人不尊重，我們對人彬彬有禮，是一種尊重，但並不是所有的尊重都可以清楚被看到。

前兩天我先生的一個下屬第一次見到我，跟我握手的時候連眼睛都沒有朝我看。他最關注的還是要和我先生溝通，從他飄移的眼神中，我看出這個人是不太尊重別人，是比較功利的。

你對人的尊重是可以被感覺到的，因為很多細節都可以看出你是否對人尊重。對人尊重是發自內心的，它體現在我們的言行中，我們要特別注意。

除了尊重人之外，我們也要尊重法律，敬畏規則，不要以為沒有人知道就可以違規犯紀，要知道，舉頭三尺有神明。一個不懂得尊重的人，一般都會膽大妄為，因為他已經不知道自己做人的底線。

好學謙卑

另一個崇高的品德是要謙虛，謙虛給我們帶來的是更開放的頭腦。

賈伯斯（Steve Jobs）在2005年史丹佛大學的畢業典禮演講說道：

「Stay hungry，Stay foolish。」意思是好學若饑，謙卑若愚。這不是讓你去扮愚，而是謙卑地放低心態，做任何事情都抱著初學者的心態虛心受教，才能持續不斷地學習。

滿招損，謙受益，做人做事都要謙虛，才能得到別人的認同、別人的幫助。謙卑的人是好學的，他知道自己還有很多東西沒有學會，所以他會謙虛受教。我們從小就應該培養謙卑的良好價值觀，天外有天，人上有人，那些驕傲自大的人，永遠都活在自己的世界裡，自以為是。

而懂得謙卑的人知道，他們的一切成就要仰仗他人的幫助，絕對不是一個人做出來的。尤其是在團隊裡面，一個優秀的管理者也必須要有一個好的團隊，才能夠凸顯他的價值。

我52歲那年，因為孩子16歲就到美國去念大學，我有一點不放心他們自己在國外生活，於是和先生商量好，去做陪讀媽媽。既然是陪讀，我就乾脆修一個碩士學位。我念大學的時候，成績非常一般，但是這一回我非常感恩先生給我們三個孩子和我付學費讀書，我也覺得我應該在知識上大進補，為我下半生打基礎，那麼我應該算是好學若饑了吧。

那時候碩士生一個學期只能修三個科目，12個學分，然而我一口氣就修了5個科目，也就是20個學分。我到財務處要繳費的時候，才發現系統只能接受12個學分，其他的8個學分就算免費了，這麼算來，我也算拿了獎學金。

在求學期間，我覺得不懂的實在太多太多了，所以就不停地發問，不停地向身邊的人請教。美國有不少年長的碩士生，在我們班上就有三個。當我向年輕同學發問的時候，他們可能認為我跟不上了吧，也可能認為我有一些癡呆了，但是，我注重的是把學問弄清楚。

我在一年半就畢業了，一般碩士學位必須要修兩年，所以在畢業典禮那天，同學們都很詫異，更讓他們驚訝的是，我的禮袍上還掛了一個特別的旗子，寫著「Phi Kappa Phi」徽章，這是獎給GPA 3.85以上的優秀學生的。同學，

甚至老師們都問我你的GPA幾分啊？我說4。他們傻了眼，懵懵懂懂的老太太竟然考了滿分。在畢業典禮進行的過程中，校長特別請掛上「Phi Kappa Phi」的同學站起來，我身邊的一個同學告訴我：「Those who laugh last，laugh louder，congratulations！」他恭喜我，並且說您真的是苦盡甘來啊，他和其他同學一樣都讚嘆我刻苦學習的精神，這就是好學若飢。

努力學習是非常重要的，所謂活到老，學到老。在這個日新月異的社會裡，不學習就會落伍。一個快樂的人，不是養尊處優的人，是一個不斷成長，不斷進步的人。

有很多人在履歷上提到自己有十年的工作經驗，如果這是一年的工作，重複九次，只是當一天和尚撞一天鐘，還要倚老賣老，在技能和心智上沒有新的進步和提升，那你絕對不是值得老闆器重的人。一個好員工要努力反省自己是否謙卑？是否有爭取學習的機會？是否給自己設定學習的目標才是。

📖 知足感恩

懂得感恩（Grateful / Reverence）的人，都是知足的人，他會用知足的心去發掘和珍惜別人。感恩是最基本的道德，現在的人太過浮躁，只知道索取，而不知感恩。問一下自己，是否有對老闆、客戶、同事、家人甚至競爭對手感恩？感恩是一個好習慣，帶著感恩的心去工作，一定就不會抱怨、自大，絕不會做出對不起別人的事。

我們的生命不可能是盡善盡美的，但是如果每天懷抱著感恩的心態，知道工作得之不易，就會努力工作，不會抱怨了。一個好員工會感謝他在工作中的學習、與同事共事的時候得到的磨練。我們要懂得享受工作的樂趣和過程，能夠從事自己喜歡的工作本身就是一種享受。懂得感恩的人不會害怕繁忙的工作，不會抱怨，因為他們知道，有付出一定有收穫，不論做什麼事

情，這樣的心態真的是太重要了。

感恩是一種習慣，抱怨也會是一種習慣，我們當然要選擇感恩的習慣，只有感恩才不會犯下眼高手低的錯誤，我們的確有太多的理由感恩了。首先要感恩的是我們的父母；我們也要感恩公司提供機會、老闆和同事幫助，這一切都是我們要感恩的理由，並且這樣做了，心情一定會更好，效率一定會更高。我們要清楚我們不是快樂了才感恩，而是感恩了我們才會快樂！老闆都會希望員工百分百的忠誠，因為能力是可以慢慢培養的，而忠誠度卻不是靠後天培養而來的，它來自於感恩，感恩的人一定是忠誠的。

不感恩是最大的罪惡，做壞事的想法和人都是因為心裡沒有感恩，把很多事情當成是理所當然。感恩是人格的基礎，沒有人格的人，別人是會看透的。其實我們很容易察覺一個人是否感恩，因為不感恩的人表現出來的是抱怨、不開心，不願意努力付出，他們一般遇到不開心的事情，都不會想到有什麼事情可以讓他們感恩快樂的，基本上這樣的人沒有正向思維。他們非常負面，所以，他們所說的話、所做的決定，都是以自己為主。

在面試的時候，我經常會問一些問題來探視這個人是否有感恩的心，我會問你回想過去，有哪些事是你非常感恩的？有哪些是你是不開心的？他們在回答這些事件上的態度就可以看到這個人是否有感恩的心。

我們公司曾經有一個叫方方的獵頭，她的業績不錯，但是當她離開的時候，我完全沒有挽留她，也沒有給她寫推薦信，同事們也沒有替她餞行，因為這個人沒有感恩的心。

她來到我們公司的時候，相當土氣，同事們還笑她是賣白菜的。當她離開的時候，整個氣質都不一樣了。她學會的獵頭本領，包括智慧型手機和熟練的電腦技術都是同事們一步步教會她的，但是她對同事們的幫助卻隻字不提，公司有活動，她也不參與，她還經常有意無意地說別人沒有品德。

有一天，她突然要離職，理由是自己胃痛得厲害，需要回老家休息，我一

眼就看穿她在說謊話。我問她為什麼不提前通知，她說她不知道離職是需要給通知的。這就怪了，作為一個獵頭，經常跟雇主談判候選人什麼時候上班，怎麼會不知道要給離職通知呢？我立即批准她提前離職，這樣的人沒有必要多留一天。結果，如我所料，她根本不是回安徽老家養病，她在離職後的短短一個月，去了兩家獵頭公司上班。可能方方沾沾自喜，離職那麼順利又跳槽到更好的平臺，但是她卻失去了更可貴的信任和人格。

懂得感恩的人是會感到幸福和快樂的人，播種善的因，一定會得到善的果。心存感激，心裡會綻放正能量和喜悅，造成善的循環。

就算你不喜歡你的工作，你也要感恩。它是在造就你，是在磨練你。外面對你凶巴巴的人，你也要感恩，因為他們給你提醒，他們都在造就你。

我剛在渣打銀行上任不到一個月，有一個經理找我麻煩，在大會裡提出我應該做績效考核培訓。做績效考核是非常棘手的事，因為當時銀行連開放式的績效考核表格和標準都沒有，我非常生氣，但是又不得不接受任務。我就推延說，先讓我設計開放式的績效考核表格，然後我再做相關的培訓，把新表格推行下去。

雖然我從小演講比賽都拿到獎盃，但是演講和教課畢竟不同，何況要講一個那麼敏感的題目呢！我非常著急，我馬上去參加演講培訓，那是我加入國際演講俱樂部（Toast Master Club）的緣起。在那半年裡，我從不缺席活動，當我設計好表格以後，我的演講技術也已大大提高了，結果老闆、同事都非常讚賞我的課程，也從此奠定了我做培訓的基礎。一般做人事經理的都不怎麼培訓，但是因為這個機會，我還被派到英國去受了專業的培訓訓練，以後有很多課題，尤其是員工關係方面的培訓、激勵員工的培訓，都由我來主講。我今天能夠成為培訓師，要多謝這位看似找我麻煩的人，我非常感恩他。

其實當我們感恩的時候，也就打開了心窗，我們會把自己現有的轉化成對的心態去面對。日常生活中有很多事情值得我們感恩，即使遇到倒楣和不如意的事情，與其詛咒他人、自怨自艾，不如去注意到每件事情都是因你而產生的（Everything Happens For You）。也就是說，當某件事情發生在我們身上的時候，我們要換一個角度來想：一件壞的事情發生了，它的確是要我們睜開眼睛發現事情的真相。在我們的生活中，我們經常忽略了很多值得我們感恩的事。

我的腳有一次在上班的時候不小心扭到了，我就想想這件事情對我有什麼好處。因為腳真的特別疼，我就到處求名醫，這不僅把我的腳治好了，醫生還調理了我的脊椎骨，讓我的背比較好了。當不順利的事情發生了，我們要問一下自己這件事對我們來說有什麼好處，透過這個思維方式，我們可以振作起來，把事情更圓融地解決。

富勒博士認為這世界上發生在我們身上的事情都沒有好和壞，當我們遇到困難的時候，那只是問題在提醒我們罷了。錯誤沒有好和壞。

舉例來說，便利貼的發現十分的偶然，本來科學家是要研究一種黏性很強的膠，卻發現最後得到的是黏性較弱的膠。正當大家感到沮喪的時候，3M公司的某個人從這個實驗中找到了它真正的價值。 於是，這變成了一個可以賺取幾十億美元的商機。塞翁失馬，焉知非福？所以，凡事都要從大局著想，有了更大的局面，我們就可以用不同的角度看事情。

感恩的人也會反省。當他們被老闆或客戶責備的時候，有感恩之心的人會先考慮自己如何做得更好，不是抱怨，而是感恩別人給他提醒。其實老闆也在成就我們，一個懂得感恩的人，不會因為一些小利益而見利忘義，隨便跳槽。

我規定，我請員工吃飯之後，他們一定要寫感謝信給我。我認為那是除了禮貌之外，一種良好的品德和習慣。很多人覺得很奇怪，老闆請員工吃飯

不是理所當然嗎？其實沒有那麼多的理所當然。當你說一聲謝謝，哪怕是很小的事，別人知道你在乎他們的幫忙和慷慨，他們會很高興的。

感恩不是一種手段來換取更多的幫助，而是一種良好的心態，是發自真誠的，沒有目的的，不是迎合他人的表現而做出的虛情假意，這一點我們一定要弄清楚。感恩從「知恩」開始，成為一個「謝恩」的人，成為一個「報恩」的人，感恩要「施恩」。當你幫助別人的時候，你的能量會很大，當你幫助別人的時候，別以為他們應該感謝你，其實是你應該感謝他才對，因為他給了你做好人好事的機會。

慈濟與感恩戶

臺灣一個著名的慈善機構——慈濟功德會，經常去幫助需要關愛的貧困老弱，也定時去偏遠的山區發放物資給窮人。他們給志工的培訓是：要感謝那些接受我們幫助的人，因為他們給了我們機會做善事，所以他們是我們的感恩戶，不要把關係弄反了。回想一下，當你幫助別人之後的那種心情，是會比你接受別人的幫助更開心的。

「施與受」都是具有治療效果的，我們會覺得很快樂。當我們接受別人的幫助以後，不須執著於一定要回報那個幫助你的人，你可以幫助更多其他的人，讓愛的迴圈由你開始吧！

感恩不是嘴裡說了就算，必須付諸行動才會體會到其中的快樂。我每年都帶員工去中國河北發放物資，員工在嚴寒的天氣裡發放棉衣被與食物，他們在與鄉民的互動中深切地體悟到施比受更有福。當他們做得很累的時候，他們不會說今天好辛苦，而是說我今天好幸福啊！這些不是漂亮話，而是發自內心的歡愉。帶著愛去做人做事，愛是一個動詞，必須去做的，不是名詞，更不是形容詞，不是好萊塢電影裡面那種虛幻的感覺，是必須努力經營，沒有條件的付出！

Note

中國新加坡商會會長
薛寶金

薛寶金女士是北京順美服裝股份有限公司的總裁，中國新加坡商會會長，中國服裝協會理事，北京服裝協會副會長。薛寶金女士是新加坡人的驕傲，2012年獲得新加坡總統頒發的PMB獎。

Stella 談談您最滿意的員工是什麼樣子的？

薛寶金 員工必須有良好的人品，具備職業修養和道德，有誠信，有良好的團隊精神和較強的創新意識和溝通能力。

Stella 你覺得一個合格的員工必須具備哪些素質？

薛寶金 我們公司首先考慮的是人品，然後是專業知識和溝通能力，最後考慮的是形象和發展潛能。

Stella 您的秘書和司機被升職為經理，能說一下他們為什麼能得到您的信賴嗎？他們有什麼特別的素質是值得讀者學習的？

薛寶金 我的秘書和司機對公司非常的忠誠，同時也具備一定的職業素養，願意不斷地學習來提高自己，這是最大的重點。

7.國際視野（World View）

一個好員工應該有國際視野，對大趨勢有所瞭解。老闆不是要員工對宏觀經濟有分析的能力，或者有鑽研科技的本領。他們要的是對時事瞭解、不孤陋寡聞、能與科技同步的員工，同時好員工必須要能建議老闆如何把科技創新的利益達到最大化。舉個很簡單的例子，已經有不少的公司利用facebook粉絲專頁來建造一個購物圈和資訊發佈平臺，如果你連facebook都不會用，那麼就不可能想到用這個方法來幫公司做宣傳。

為什麼我需要國際視野？

有國際化的視野是非常重要的，因為我們生活在二十一世紀。地球已經變得很小，我們要與來自不同國家的人溝通與共事，對於別人的文化與習俗，如果不瞭解，就會產生不必要的麻煩和誤會。舉個例子，當印度人說「是」或「對」，他們都會搖頭的，如果不瞭解這個習俗，就會不適應。以及外國人不喜歡別人問他的年齡，這些都是一些必須注意的小節。

另外，我們都說必須國際化。人們穿著國際品牌，吃著國際的食物（麥當勞、天婦羅），甚至還會說幾句英文。但是我們的精神和思維是否已經國際化了呢？現在每個人到國外去旅行已經是司空見慣的事，但是我們到了國外，除了買名牌包，拍了一堆的照片打卡炫耀之外，是否也用心去觀察國外的風土民情呢？

在中國北方，可能因為天氣冷的關係，人們不會天天洗澡，但也不像法國人那樣噴香水，結果一身的體臭、口臭都不自知，還說什麼國際化，這是非常基本的社交禮儀，在國際化的過程中就必須注意。然而這些還是表面上的問題，我現在舉更嚴重的問題，華人的孩子，在畢業工作之後還跟父母親

拿錢的可還不少。但是在國外，這是難以想像的事情。

我的一個美國朋友是一家公司的老總。他的女兒在讀書，想要多賺一些零用錢，他爸爸就說，我們公司現在還缺洗車的員工，你到我們公司來洗車吧。這件事情讓我非常感動，如果換做其他公司的老總，怎麼捨得讓自己的小孩在自己的公司洗車呢？

其實，國外的孩子一上大學就很少跟父母要錢了。儘管父母有錢，他們一般都是半工半讀，他們會覺得向父母要錢是一件非常丟臉的事情。他們不但工作，也很努力參加校園和社會活動，而且還盡量把學分在最短的時間內修完，當然，也有很多學生，不著急畢業，他們必須半工半讀，還要養家糊口。美國的教育制度允許學生七年內完成四年的功課，所以，中途請假去工作或者照顧家庭的學生也不少，這些人都願意為自己的生活和學習負責。

我的長女穎涵要開一家公司，自己儲蓄了2萬美金，她還需要2萬元，就和我商量要貸款，我和先生就讓她先寫一個商業計畫書。穎涵不是讀商科而是讀電腦的，但是她這個商業報告寫得很到位，報告書裡清楚地說明，她未來三年的營業模式、營運計畫、現金流等。她做好商業計畫書後，就去銀行貸款，結果銀行批准了這筆貸款，她乾脆就沒有跟我們借錢了。

穎涵才26歲，就知道可以在中國訂貨，她要的價錢還非常適宜，所以公司很快就賺到了錢，銀行貸款也在兩年內還清了。這說明了，她在一定程度上很獨立，很有想法，一切都親力親為，自己努力去實現自己的夢想。

我的小女兒逸涵是醫生，現在在讀心臟專科，必須住在美國科羅拉多州大學近十年的時間。她覺得買房子比租房子更划算，就跟我們商量要貸款付首期訂金。我和她爸爸也同樣地要求她告訴我們，怎麼樣能夠償還這筆貸款？怎麼樣有足夠的錢去還每個月的房屋貸款？還有，為什麼要選這個房子？

　　逸涵說，她選這間平房的基準是，地點適中，而且房子的地下室有兩個房間，還另有廚房和廁所，地下室的人進出房子也不會干擾到她，她會把地下室租給大學的兩個同學，在第一層有三個房間，她也會租出一間。所以，她每個月所收的租金就足夠償付房貸了，還有餘錢來償還我們替她墊的首付。

　　我們最近到美國去看她，她省吃儉用所剩的工資加上每月所收的租金，還有剩餘的錢把房子裝修得非常漂亮，而且在房屋四周還加上了圍欄。以後她若要出售，肯定能賣個好價錢。

　　穎涵和逸涵，年紀輕輕，有房有店，但是我要說的是，他們都是自食其力，努力實現自己的夢想，而不是依賴父母。並且她們都不是特例，同學裡面有不少像他們一樣從小就半工半讀的，在大學期間，她們每週工作20個小時（外國學生只能在大學裡工作，而且工作時間最多是20小時，當然也有些外國同學，除了在校工作之外，也到校外工作，那工作時間就遠超過20小時了）。

　　反觀，我們公司以前有一個叫Michael的員工，他的家境不是很好。去年結婚，父母就讓他在北京買一套房子，我知道Michael和他妻子兩人的月收入不超過台幣5萬元，在通州卻買了一套130平米兩居室的房子。我問Michael，你把父母的畢生積蓄都用光了吧？他說，不是的，我父母沒錢，是跟我舅舅和一些親戚借的。我真的嚇壞了，他每個月要付銀行超過台幣2萬5千元的房貸，我有一兩次還聽到他跟父親要錢，因為那個月花的錢超過預算了。Michael還告訴我，他要學車買車，因為家裡離辦公室太遠了。中國人結婚也注重給孩子買房，而且買房子可以保值。但是，Michael每月的開支已經非常緊張，他應該量入為出，先不考慮買車吧？

　　在這裡我要說的是，我們要量入為出。我們經常笑話老外用信用卡，花

錢無度，但是如果我們成家立業以後還要花父母的錢，那真是罪過。讓我發一點牢騷吧，以前我們聽說父債子還，現在怎麼變成子債父還了呢？

現代社會急功近利，要在最短的時間內賺最多的錢，急功近利的背後還有「給我、給我（Give me, Give me）」的心態。年輕人被長輩寵壞了，他們總是伸出手向父母索取，向社會索取、向公司索取、無止境的索取，貪婪就產生了。美國前總統甘迺迪（John F. Kennedy）的名言是：「不要問你的國家能為你做什麼，問問你能為你的國家做什麼？」（Ask not what your country can do for you - ask what you can do for your country）。的確我們需要反省和覺悟，不要再有坐享其成的心態了，一切的成就都來自於刻苦學習、努力工作與真誠對人。

我在中國生活已有八年，也見證了中國的蓬勃成長。中國的變化是很迅速的，就業者需要與時俱進，他們必須下定決心，嚴格地要求自己真的要學會國外一些好的東西，而不是只閉門造車。

那你學好英文了嗎？

說到英文，大學生都注重要把英文學好，但是你真的花了功夫學好英文了嗎？英文有嚴格的語法結構，是必須下一番苦工學習的，而且它的詞彙不是象形文字，我們必須花很多的時間去背。你知道英文很重要，但是你下了工夫嗎？

我們公司是做獵頭的，最近我們同時收到來自兩家公司要求我們為他們找培訓專員的職業描述。除了一家要求應徵者必須懂英文之外，其他內容完全一樣。但是，薪酬的差異確實是一倍：懂英文的給1萬人民幣（台幣5萬元）/月，不需要懂英文的就只有5千人民幣（台幣2萬5千元）/月，像這種例子不勝枚舉。由此可知，英文在商業社會是有優勢的，即使老闆的業務並非國際化，但因為時勢所趨，你懂英文還是有幫助的。

我是過來人，新加坡在四十年前還看不出英文有多重要，但是我的同學們因為沒有掌握英文在職場就非常吃虧。在今後的十年，英文會越來越重要（特別是中國），那你是否有想方設法把英文程度提高呢？沒有人能夠隨隨便便成功，成功與不成功的人，就差在他有沒有付出與堅持。

在這裡我跟大家分享我是如何學好英文的，給讀者作為參考。

在我讀書的年代，新加坡學校分為英校和華校，也就是說，你可以選擇進入英校，教學媒介語言是英文，你只需要每天上一堂中文課，其他學科都以英文授課；如果你去華校，你的學校以中文為教學媒介語言，英文課只是其中的一個科目。新加坡曾是英國的殖民地，所以，多數人的英文比較好；我念的是華校，我同班同學的英文確實非常爛，因為語文的關係，他們畢業以後找不到很好的工作。

那麼我是怎麼學好中英文的呢？我要特別感謝我的爸爸。他雖然沒有受過高深的教育，但是他很關注我們的學習，他深知在新加坡懂英文很吃香，但他認為我是中國人，應該進華校，但是又擔心因為英文不夠好會影響我長期的職業發展。所以，他妙想天開：「他要我成為中英文兼通的人」。

所以從中學一年級開始，我和弟弟就必須上午去華校上課，晚上去夜校上英文課。我在高一的那年，還得去考英國皇家劍橋GCE文憑。到大學的時候，我進入了以英文教學的新加坡國立大學，而我的同學都去了以中文為教學媒介的南洋大學。因為我英文水準好，所以我畢業以後在職場平步青雲，找到理想的工作。我回想起當年為了要學好英文那段艱辛的歲月，對我的父母來說，他們要給我們姐弟倆繳兩份學費，是很大的經濟負擔，還要確保我們準時到兩個地方上課。在成功的後面，都是有血、有汗、有淚的，是必須努力付出的。

我不是在這裡說我有多棒，而是要讓你知道那些能夠真正掌握英文的背後，都有不同的故事。全球驅勢大師約翰·奈斯比特（John Naisbitt）強調

英文是二十一世紀最重要的商業語言。在華人地區，已經看出了學好英文的重要性，但是許多求職者都是嘴裡說說卻沒有付諸行動。很多人都用沒有環境學英文做理由。最近有一位家長問我如何製造學習英語的環境，我說英語有句成語是「When there is a will，there is a way」，意思就是說「有志者，事竟成」，只要下定決心，就有方法。我建議，他的孩子可以找幾個好同學每天安排時間用英語交談，當然還有其他的方法，他們可以自己根據實際的情況安排。所以，不必擔心有什麼障礙，也不要找藉口。我們周圍已經有不少雙語人才，那麼你的英文究竟要什麼時候才要下苦工啊？

我不是英文老師，但是有很多朋友都還是要我給他們建議如何學好英文，那我就在這裡提幾個意見吧：

1.和幾個朋友約定某個時間段只用英語溝通。當遇到困難的時候，當然可以用中文穿插的說，但是一定堅持。要記住，這是一個歡樂時光，大家可以彼此調侃，千萬不要認為是受罪，因為學習的一個大原則是要輕鬆與快樂。

2.下定決心，一天背十個單字，不要貪心，就十個。英語單字非常重要，每天一定要有所累積。此外，你還要根據這十個單字造句，因為沒有句子的支撐，這個單字讀起來是索然無味的。

3.把每天的十個單字和句子錄在手機裡或透過mail發給自己，在路上不要聽流行歌曲，就學好英文。

4. 英文單字本來就非常枯燥，不像我們中國字一樣是象形文字，所以我們要記住英文單字真的很難，但是你可以用諧音來記。什麼意思呢？就是你所學的字聽起來像什麼，你先用一個開玩笑的心情把它記住。

例如，Water，你一開始學這個字，你就說原來水是「我的」，那你的是什麼呢？原來有一個英文字是Neat，就是整潔的意思。你想一想剛好我的名字是蓮花，難怪water是我的，而你叫小潔，難怪你是neat的。從表面上看

來，這樣很浪費時間，但是你回想那麼多年沒有背好單字，而且久了都忘了，那你不如試試我教你的方法。再舉一個例子，「theme」是主題的意思。今天晚會的主題是上海之夜（The theme of our party tonight is Shanghai Night.）你可以跟朋友這樣調侃，老外好自我哦，主題竟然是The Me，但是他們卻又把the me念成team（團隊），這真是太虛偽了。用這樣活潑的方式記單字，看似浪費時間，但你絕對不會忘記主題是theme。

5.每天準備十個單字和十個句子的時候，每一個造句一定要用手抄寫十次，而不是用電腦複製和貼上，那是記不住的。找一個本子，用手抄寫，一邊念念有詞，邊幻想各種有趣的情境，是非常重要的。

我們學習就是要用眼看到、用耳朵聽到、用手做到、用心想到，讓整個學習的過程變得愉快，同時以專業的態度來完成。當然，你一定要持之以恆，也要去請教英文比你好的同學和老師，只要你謙卑好學，別人也是會幫助你的。

6.學唱英文歌。當年我是學校英語協會的主席，會員很多，因為他們來活動，主要是來學唱英語歌。這種的學習氣氛特別好，大家的英文大有進步，而且也學會唱很多首歌。

7. 在這裡介紹一些學習英語的手機軟體和網站，有這麼多資源，你有什麼藉口說沒有機會學英語呢？手機軟體APP：英文5分鐘（Eng5）、英文單字王（EngKing）、英文每日C（EngC）、English OK 單字王、學英文@師大、聽新聞學英文等。英文網站：旺旺英語學習網 http：//www.wwenglish.com/、滬江英語 http：//www.hjenglish.com/、大耳朵英語 http：//www.bigear.cn/、愛思英語 http：//www.24en.com/、經濟學家雜誌網站 www.economist.com、人人聽力網 http：//www.rrting.net/、新東方英語論壇 http：//bbs.koolearn.com/new_main.jspa、恒星英語學習網 http：//www.hxen.com/、可哥英語 http：//www.kekenet.com/等。

 ## 請，謝謝，對不起

其實，英文有三個最強大的詞彙，我們卻沒有學好，那就是「Please」、「Thank you」和「Sorry」。也許是因為文化的差異吧，我們一般都不會踴躍地說Thank you。我們不會麻煩別人，在不得已的情況之下，要人幫忙又不會說Please，做錯了都是低頭認錯，卻沒有說一聲Sorry來表達歉意。

「請」（Please）是一個非常有素質的人說出來的話，他要求別人都會用懇求的心態，不把事情當成是理所當然的。其實這個詞，真的是很管用，你可以推己及人，當你說「請你幫忙」時，別人肯定覺得很舒服，全力以赴地幫助你的可能性會比你不懂得謙卑、不用「請」這個字的可能性更高。

不要認為什麼都是理所當然的，當我們接受了別人的一點好處或者建議時，都要及時說「謝謝」。華人是比較靦腆的，覺得有些事情是心照不宣的，不需要拘泥於形式，我真的感謝他，我下次報恩就是了。但是我們要知道，幫助你的人，哪怕他沒有刻意地幫你，也是給你帶來了好處或提醒的，他也是人啊，別人為什麼一定要幫你，所以說聲謝謝是表示你的感恩之心，你的氣度。務必要養成說謝謝的好習慣。

在國外，凡是有人請你吃飯，你都要懂得寫封答謝的郵件，這是禮儀。還有些人會特地去買一張賀卡，表示感謝。假如不寄賀卡也行，把感謝之情寫成一封信，但是要記住，對方的名字要用手寫，你的簽名當然也要親手簽。

最納悶的是，我遇到很多年輕人做錯事，很少說「對不起」、「抱歉」（Sorry）。他們做錯了事，最多是把頭低下來不吭聲，他們告訴我，自己已經知道錯了，會用以後的事實來證明自己。但是做錯事又不承認，別人會以為你嘴硬，不肯認錯，他們的心裡會很不舒服的。所以，只要我們給別人造成了不方便，就應該說對不起，並且說一聲對不起是海闊天空的事。失敗不是成功之母，檢討才是成功之母，當你反思覺得自己不對，就應該說對不

起。

　　還有一個要不得的現象就是，不少員工做好了一件事情，不告訴老闆，他們以為老闆應該知道。這怎麼可能呢？老闆有很多事情、有很多員工，不可能什麼都知道。你應該做的是，用最簡潔的語言跟老闆溝通彙報，告訴老闆你已經把這件事情做好了，讓老闆放心。

　　而另一些員工更可惡，他們做錯事情，或者眼看著銷售業績不能達標，不敢告訴老闆，自己悄悄地去做補救，結果經常弄巧成拙，這也是不對的。因為老闆如果事先不知道你不能達標，等到最後一秒鐘才發現你沒有辦法完成他交代的任務，那麼你不但辜負了他的期待，最重要的是，因為你沒有提前通知他你無法達標，老闆沒有充裕的時間準備對策，他的業績也因此沒有辦法完成。

　　所以，及時的溝通是非常重要的，你應該給老闆處理事情的機會，而不是在最後一分鐘把結局交給他，讓他背負你的黑鍋。我希望你瞭解不溝通不單只是你不愛說話那麼簡單，你給別人造成的麻煩和損失，那是你無法預估的，而這些細節都是待人處事應該注意的。

未來學家的預測

　　世界的發展可以分成狩獵和農業時代、工業時代、資訊時代、知識經濟時代和現在的大轉變。但是2005年之後的改變是空前罕見的，許多未來學家對這個大趨勢也紛紛發表自己的看法。在這裡我介紹幾位著名的未來學家，

18世紀之前　狩獵和農業時代　19世紀　工業時代　20世紀　資訊時代　21世紀　知識經濟時代　未來　未知

他們是：約翰‧奈斯比特（John Naisbitt）[19]、丹尼爾‧平克（Daniel Pink）[20]、阿爾文‧托夫勒（Alvin Toffler）[21]和羅莎貝斯‧坎特（Rosabeth Moss Kanter）[22]，他們在2005年左右都發表了具前瞻性的預測。

首先，我們知道這個時代的變化無常，坎特很巧妙地利用《愛麗絲夢遊奇遇記》這部電影中，撲克女王用一種火烈鳥（Flamingo）打高爾夫球的故事來說明，高爾夫球是土撥鼠，而火烈鳥作為球杆會動，土撥鼠也不是靜止的，想要打好球是非常困難的，因為變數太大！坎特藉由這個故事提醒大家，唯有不停的練習，才能夠應付巨變。

而約翰斯奈比特強調，所謂好的情商是懂得自我調節情緒，以應對高度改變的局勢。他說女人在今後的商業社會裡會大展拳腳，因為她們除了會分析資料之外，更多的是靠感覺和關係把事情做好，所以情商非常重要。

---

[19] 約翰‧奈斯比特（John Naisbitt）是享譽全球的未來學家，被埃森哲公司評為全球五十位管理大師之一。他曾任美國教育部部長助理與甘迺迪總統的特別助理。他的經典著作有《大走勢》（Megatrends，1982），此書剛問世時就在全球引起風潮，至今已累計銷售900多萬冊。其代表作還有《亞洲大走勢》（Megatrends Asia，1996）、《重新思考》（Mind Set，2006）、《中國大走勢》（China's Megatrends，2010）。

[20] 丹尼爾‧平克（Daniel H. Pink）是美國著名的商業和管理學作家，擁有耶魯大學法學院學位，曾任美國副總統戈爾與白宮行政院的發言擬稿人。其文章經常發表於《紐約時報‧哈佛商業評論》上。2009年他在TED上的名為「令人驚訝的動機科學」（The surprising science of motivation）演講在2011年被評為「觀看次數最多的20個演講」之一。他的經典著作是《自由工作者的國度》（Free Agent Nation，2001）、《全新思維》（A Whole New Mind，2005）、《菜鳥職場物語》（The Adventures of Johnny Bunko，2008）、《驅動力》（Drive：The Surprising Truth About What Motivates Us，2009）。

[21] 阿爾文‧托夫勒（Alvin Toffler）是對當代社會發展有巨大衝擊力的學者。大眾如對他的名字有所耳聞，多半是因為他的未來三部曲著作——《未來的衝擊》（Future Shock，1970）、《第三次浪潮》（The Third Wave，1980）和《權利的轉移》（The Power Shift，1990）。特別是《第三次浪潮》被評為「本世紀最有影響力的傑作」，許多大學都將此書列為必讀書目，有興趣的讀者不妨閱讀看看。除了未來三部曲之外，托夫勒一直都有新書在發售，例如《新文明》、《未來戰爭》和《財富革命》等。

[22] 羅莎貝斯‧坎特（Rosabeth Moss Kanter）是全球的商業領導和管理學作家。她是哈佛大學商學院院長，並得到了「美國十大傑出女性」的美譽。其文章經常發表在《哈佛商業評論》，並在1989至1992年擔任該刊主編。其代表作有《巨人學舞》（When Giants Learn to Dance，1989）、《世界級：區域性企業也能競逐全球》（World Class：Thriving Locally in the Global Economy，1997）、《變革大師》（The Change Masters，1984）、《Evolve：succeeding in the digital culture of tomorrow，2001）。

　　而平克提出了我們必須具備「高概念」與「高接觸」的情商。他說，我們不缺資訊，但是我們要有連結資訊的本領，在紛繁雜亂的資訊中提取有效的資訊，開發出新的專案，這就是高概念。我們也要與人培養建立深厚關係與資源整合的能力，你要有朋友願意幫助你、成就你，你要有能建立高接觸的情商。

　　我們公司有不少的實習生，但是我特別關心和樂意幫助小楚，她是北大高材生。與一般實習生的不同之處是除了非常能幹之外，是因為她與我們交心，她樂於幫助我們做很多分外的事情，卻沒有給我們不舒服的感覺。和她在一起總是高高興興的，我們感到她也喜歡我們，所以我們特別關心她是否在畢業後能找到理想的工作。我主動給她寫了封對她評價很高的推薦信，她雖然已經離開我們公司，但是我們有什麼活動，都會叫上她——這就是「高接觸」。

　　我覺得阿爾文·托夫勒最經典、最值得我們牢記深省的警告是：「以後的文盲不再是不懂得看書寫字的人了，而是那些不懂得學習、糾正和再學習的人」（The illiterate of tomorrow are not those who cannot read，and study；they are those who do not know how to learn，unlearn and relearn）。

　　我們必須要有新的情商，不要以為你是大學生就很了不起。在這21世紀，我們真的要懂得更好地學習，跌倒了要趕快站起來，糾正和再學習。

　　平克在《自由工作者的國度》（Free Agent Nation）裡指出，美國有超過3000萬人是為自己打工的，這是一個大趨勢。既然我們都是自由人，為自己打工，那我們必須要有很好的人脈關係來確保自己有更多的機會。所以，在公司裡固然要尊重公司的最高管理者，但是更重要的是廣結善緣。

　　扁平的組織架構是未來的大走勢，所以在結構中的每一個成員都可能成為不同專案的領導者或成員。在新的專案被提出來和新的團隊要組成的時

候，你是否搶手，除了你是否在某一個技術領域上是一個專才之外，還要是一個通才。同時，你也必須要有很好的口碑，讓別人都認為你是一個可以與人合作、值得信賴的人。

如果你的同事中有人離職到了另外一個職務上，他是否會想到你、邀請你成為他公司的一員呢？而這完全取決於你與他共事的時候，是否跟他建立了良好的合作關係？是否讓他信任你是一個實實在在有工作技能的人呢？在我們身邊有太多這樣的例子：

我的一個朋友在一家國際大公司工作，她特別欣賞其中一個同事，而且還和這個同事一起做了一個非常大的case，馬上就要展現成果了。沒想到的是，最近經濟不景氣，公司必須要大裁員，我的這個朋友得知消息後非常擔心會裁到她的同事，就把朋友的基本情況和之後要展出的成果報告轉給人事部門，並且向人事部表明如果那個同事是在被裁員之列，她願意接受這個同事轉入自己的部門。

這個例子說明了「在家靠父母，出外靠朋友」，可見你和別人的關係是

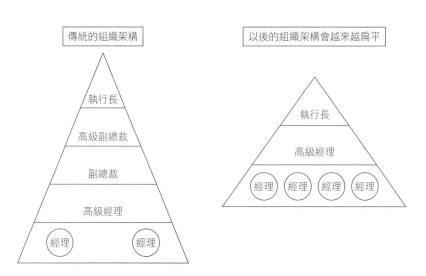

非常重要的。

托夫勒認為未來的社會，知識才是通往權力的關鍵；而財富、暴利和知識則構成了權力框架的三角基石，由此所引發的「知識革命」將會促進企業對高素質人才的搶奪。社會上知識份子的比重會越來越高，未來將是一個以「知產階級」為主的社會。

奈斯比特預測未來會有文藝復興，有很多公司都不要求員工回公司上班。例如IBM、Google等等。他們的員工養成自律的習慣，這是一種思維的重整，有了網路和電子移動設備，我們還需要千里迢迢地回公司辦公嗎？我們可以掌握自己如何安排工作時間，當然就可以有更多的時間去欣賞藝術、下棋和騎馬等等。

工業時代一切都機械化，一切都標準化，一切都以客戶為主；現在21世紀，一切都要求員工去想，所以主動性非常重要。在前面我已詳細談到。

你不必朝九晚五地上班，企業早已對工作時間靈活處理，那是因為他們想讓員工有更多的空間去發展他們的創意。Google提出了20%的時間（20% time）概念，讓員工有20%的時間做自己想做、但跟工作無關的事情。Google 20%的時間並不是說每週員工工作4天，禮拜五就在家自由幻想，不去公司了。所謂20%的概念是指，如果員工有新的想法就一定要堅持這個想法，不要因為工作壓力太大而放棄，員工可以跟公司申請20%的時間來完成這個想法，Gmail、Adsense和Google News都是這個激勵機制下的產物。

　　我的佛友陳一鳴（Chade-Meng Tan）[23]本來是谷歌的軟體工程師，但是他和一些同事申請20% time來學習心靈成長，現在是谷歌知名的「開心一哥」，著有《Search Inside Yourself》（注：台灣譯為《搜尋你內心的關鍵字：Google最熱門的自我成長課程！幫助你創造健康、快樂、成功的人生，在工作、生活上脫胎換骨！》平安文化出版）。目前他任職於谷歌人力資源部，負責谷歌個人成長專案，從一名成功的軟體工程師變成谷歌「靈魂工程師」。

　　然而20%的時間這個概念並不是Google首創的。在1950年3M公司就提出了「15%的時間」的概念，讓工程師什麼都不做，自由幻想，紙膠帶（Masking tape）和便利貼（Post-it notes）都是在這樣的環境中被創造出來的。

　　凱麗‧雷斯勒（Cali Ressler）、裘蒂‧湯姆森（Jody Thompson）於2007年首創了「只問結果的工作環境」的工作模式——ROWE（Results Only Work Environment）。它給員工充分的自主性，只根據員工所取得的成果來考核員工，那麼員工的工作效率就可以得到很大的提高。

　　ROWE顛覆了一週五天，朝九晚五的工作模式，ROWE跟靈活工作制也不一樣。所謂的靈活工作制是指自由選擇具體的工作時間，以代替統一固定的上下班時間制度，例如員工可以早來或者遲來一小時，它所強調的是工作時間上的自由。但ROWE計畫則根本不考慮工作時間和工作地點，一切都由

---

[23]陳一鳴（Chade-Meng Tan），新加坡裔谷歌工程師，IQ高達156，天才型EQ達人，是谷歌最知名的「開心一哥」。他憑藉與《情商》作者丹尼爾‧戈爾曼、禪師諾曼‧費雪、數家企業CEO、史丹佛大學科學家等重量級大腕創立了一門爆紅於矽谷的偉大情商課，並輻射到全球各地。凡到訪谷歌總部的名人政要都要與他合照才算「到此一遊」，這已成了谷歌的傳統。至今他與歐巴馬、柯林頓、索羅斯等幾百位名人合照合照過，谷歌特別為他開闢了一面「鳴」人牆（Meng's Wall）張貼這些照片。
他曾兩度登上《紐約時報》頭版，並受邀至美國白宮、聯合國大會、柏林世界和平大會與TED大會發表演說。目前他任職於谷歌人力資源部，負責谷歌 EDU個人成長專案，從一名成功的軟體工程師變成谷歌「靈魂工程師」——他將自己的工作描述為「啟迪心靈，敞開心扉，共創世界和平」。

員工自由安排，唯一的標準就是成果。很多外企的員工沒有必要上班，去公司主要是去開會而已，其實中國也有這樣的制度，但只限於高層而已。我認識一個中國國企的董事長，他與高管上午六點就批公文，八點就把文件處理完，然後就不必待在公司了。

你是否知道這樣的工作模式已漸漸走入職場，它又會對你產生怎樣的衝擊呢？

坎特在西元2001年寫了《Evolve》這本書，這給了我很大的觸動，我公司的英文名字就叫做Evolve International Executive Search & Consultancy。坎特還給這本書寫了一首詩：

Get ready for the next step，	準備好下一步
Select the best step.	選擇最好的一步
It's a leap in evolution	這是一個飛躍和進化
From the Internet revolution.	從網路革命
Just pick a direction	選擇好方向
In this world of connection.	這是一個互相連結的社會
So many problems to solve-	有很多問題要解決
You've got to evolve.	你必須要衍生

全球CEO關注什麼？

根據IBM在2012年和來自64個國家的1700多位CEO溝通後所做出的研究報告[24]，這個報告雖然是給CEO看的，但是CEO的想法會直接影響老闆對員工的要求。因此我在這裡總結了四個要點與大家分享：

第一、技術是CEO們最關注的外部因素。「社交」發生重大的變革，如

---

[24] 《2012年IBM全球CEO調研「中國洞察」》

Facebook、人人網、Twitter、微博、Foursquare以及其他的技術新星已經席捲了整個市場和行業。技術重新定義了員工、客戶以及合作夥伴之間的聯繫方式，技術是催生創造力和創新的關鍵因素。

第二、透過開放性的組織發展更多內部協作和外部協作，讓員工發揮個人主觀能動性，與同事展開協作並積極創新，並激發員工與客戶打交道，與合作夥伴透過多種想法和觀念的自由交流，一起創新。同時，組織之間的界限也變得更加模糊，因相互協作橫跨了更多的職能部門，並且更具持續性，因而更加需要健全的企業文化，讓員工在選擇和行動時有共同的信念和價值觀。因員工之間的協作是非常重要的，別再去勾心鬥角，我們應該做一個通才和專才，做一個受人歡迎、有實戰能力的個體。那麼，當有新專案來臨的時候，別人會很高興邀請你成為專案組的一員。

第三、公司很難預測未來需要哪些新的能力，並且找到、雇用具有這方面專長的人員。所以，公司需要的是具有適應能力的員工——懂得協作、善於溝通、具備創造力和變通能力。老闆是無法教會員工如何應對未來挑戰的，所以，作為員工的你，必須要主動面對這些挑戰，努力學習。

第四、CEO也非常關注如何提高前線員工的預測分析能力，員工不僅要瞭解各個客戶確切需要什麼，更要瞭解客戶何時何地需要。

在這裡我也談一下IBM的轉型。它已經有100多年的歷史，從1900年到1914年，IBM從家族企業轉變為國際公司；1914年到2000年成為跨國集團；而2000到未來，IBM要轉型為全球整合的企業。

那什麼叫全球整合呢？它最大的意義是可以節約成本，可以調動全球的人才和技術來提高服務品質。例如，馬來西亞有很多優秀的會計和財務人才，他們就在馬來西亞設立財務中心，用經驗豐富的財務專才來服務全球。那麼作為求職者的我們是不是也要用心做到最強、最新、最好呢？

從「雙贏」到「共生」

什麼是雙贏（Win Win）呢？雙贏就是在堅持自己的原則和標準的前提下，雙方都獲利。而什麼是共生呢？就是認識到彼此之間的關係非常密切，息息相關，如果不合作謀求共生，那就要面臨共亡的處境，成就別人就是成就自己。

富勒博士在《關鍵路徑》（Critical Path）這本書裡談到人類完全有能力把地球摧毀，不是共生就是共死，不是你死就是我亡。某個國家發射一顆導彈，而對方在導彈到達前的20分鐘就知道的話，就可以反擊。所以我們一定要和平相處，一定要共生互利。

也許富勒博士說的還不能說服讀者，但是2013年6月21日，新加坡出現了罕見的霧霾情況，空氣污染指數高達了401，那是史無前例的。這些霧霾源自印尼燒林地，該國蘇門答臘島的農民和油棕園主趁著乾旱季節燒芭蕉林清地，煙霧卻一路飄到了新加坡，當新加坡政府派代表團緊急要求印尼撲滅林火時，卻遭到印尼政府的某個官員反駁說：「新加坡就像個孩子，對霧霾大驚小怪，那是大自然的錯」；他還指責新加坡：「你們那裡空氣好的時候，為什麼又不說，偶爾有個霧霾，就抱怨個不停。」你看這就是唇亡齒寒了，兩個國家都受到霧霾的影響，但是如果處理不當，兩國關係進入緊張狀況，那不是共生，就是共亡。遭霧霾襲擊後，新加坡曾提出願意協助印尼用人工降雨撲滅林火，但遭印尼拒絕。這個談判還繼續升溫，印尼某部長除了說新加坡大驚小怪之外，還說兩國之間有很多問題，例如「邊界」、「引渡」都還沒解決呢。

所以，雙贏共生的信念除了要在企業和員工心態生根之外，國與國之間那種守望相助、互惠互利，瞭解包容的氣度和胸襟也是非常重要的。

我們現在注重的是資源整合，在企業有同業聯盟，而異業整合的案例太多了。我認識一個專做銷售培訓的老總，他在教課的時候也會轉介紹其他做

管理或者英語的培訓課程，他與很多家培訓公司都有很好的合作關係，結果大家都得利。所以，成功的企業家們都會互相支援合作。

雙贏共生的理念大至國家社稷，小至企業、個人，都應該具備這個心態。我的母親教我們姐弟四人，做人要忠厚，她沒有用雙贏共生這個字眼，但她說得很明白：「你好我也會好。」、「好人好自己，壞人壞自己。」、「你敬我一尺，我就敬你一丈。」千萬不要說別人的壞話，這就像扔迴旋棒一樣，你丟出去的一定會反彈回來。讓我用一個具體的例子來說明，如果我們打壓別人，想把別人壓下去，那麼當你這麼做的時候，你自己的身體也會變矮一截，那又何必呢？

求職者都希望被公司錄用，然後希望自己成為公司的人才，也就是有特別的技能和擔當帶領團隊的責任。但是在二十一世紀我們要懂得資源整合，我們要成為一個願意把舞臺讓給別人，肯負責，肯擔當，願意與大家雙贏共生的人物。

在一部電影裡有導演、攝影師、主角、配角，所有人要通力合作才能把電影拍好。如果你只考慮自己，只想成為電影巨星，但是別人都做不好，電影還是沒有人看的呀！所以你們要記住，不要自私，只想到自己，要相互合作。

《道德經》有云：「以其無私，故能成其私」。意思是說，因為聖人沒有私心，反而成就了自己。優秀的管理者必須要有與人合作的能力，他們要懂得成就別人才能成就自己，尤其是在今天這麼劇烈改變的經濟情況下，老闆需要各種專才，我們不可能都兼具，所以我們必須要獲得外援，學會與不同的人、不同的單位合作。要知道，沒有完整的個人，只有完整的團隊。

2000年以後，IBM觀察到產業的趨勢，很清楚地預測到，由於新的電腦模型的發展，個人電腦將加速成為大眾商品，而IBM戰略的選擇是專注於高價值業務，因此個人電腦業務已經不再符合IBM的發展戰略。所以IBM就把個人電腦

業務出售給聯想集團，而聯想的一個重要戰略正是大眾商品業務，他們之間的合作就是「雙贏共生」的一個很好例子。

在雙贏共生的過程中必須要創新。在IBM 2012年CEO報告顯示，在未來3至5年，68%優質企業會為了創新進行業務和技術整合；48%的優質企業計畫進入新行業；而37%的優質企業預計獲得新的收入來源。這些企業從根本上來說，就是在以夥伴關係促進創新，這些企業家利用互聯科技改變跟夥伴合作的方式，打破協作界限，探索非常規的合作關係，積極嘗試顛覆性的創新。

舉個例子來說，北京清華大學的一位專家，在世博會期間瞭解到大規模資料分析與優化在電力輸送領域的用途，便促成了清華大學、上海電力和IBM中國研究院的合作。他們共同研究應用業務分析和優化技術，綜合考慮城市供電系統各個方面的因素，預估電力設備的故障，並且提前維修，解除隱患，使得上海電力的設備平均可靠率提高到99.9%左右，設備平均停電事件降低到每年4—5個小時，每年收入提高了6,100萬美元。

員工是否具備勝任力是決定公司是否能夠成功轉型的關鍵因素。2010年IBM根據公司轉型與結構的不同，建構出了新的員工勝任力模式（Competency Model），具體如下：

擁抱挑戰

做客戶的合作夥伴

全球協作

以系統化觀念指導行動

建立互信

以理服人

持續轉型

注重溝通實效

幫助同事取得成功

以上是IBM對所有員工的考核標準。

在這裡我還要特別提一下，我們可以清楚地從IBM 2010年員工勝任力模型中看到該公司強調「雙贏共生」的理念。有5項勝任力就強調了這一點：(1)說明客戶成功、(2)全球協作、(3)建立互信、(4)注重溝通實效、(5)幫助同事取得成功。最令我感到震撼的是一般公司會強調員工與團隊合作，IBM之前的員工勝任力也是如此，但是在新的勝任力模型中，IBM強調員工不只要懂得與團隊合作，公司現在注重的是員工必須努力幫助同事成功。

IBM清楚地說明員工必須幫助同事把最好的一面展現出來，去除不必要的侷限，給予別人適當的資源，承認別人的貢獻，推廣別人的想法，這就是從「雙贏」走到「共生」的員工勝任力模式。在客戶方面也是如此，以前的勝任力要求員工瞭解客戶，現在要求員工必須說服客戶成功。

日本經營之神稻盛和夫是當今首屈一指的企業家，他創建了兩個世界五百強企業，他的經營哲學也是在談「自利利他」。企業要生存必須要照顧到員工的發展，只有當老闆和員工心連心，員工和員工心連心，才能激發員工的潛能，只有在員工和老闆雙贏的基礎上，企業才會做得好。

最後，我們還是要說為什麼我們會有自私自利、你爭我奪的行為呢？那是源於我們「缺乏」（Scarcity）的心態。但是那是錯誤的，缺乏絕對不是事實，我們要堅信「富足」（Abundance）的正念。

在21世紀，我們有很好的技術，我們可以透過槓桿作用和通力合作，把手上的事做得更好、更完美。我們一定要有這個信念，當我們遇到問題的時候，應該採取富足的心態與人合作，不要自私自利、不要再埋怨、不要再自

圓其說，要問一下自己，我可以貢獻什麼？我可以為整個組織、整個團隊做些什麼？當我們有這樣的心態，我們就會互助，碰撞出無窮的創意。因「雙贏共生」來自於誠信和富足的心態，絕不是性格魅力的技巧。

我特別喜歡下面這首歌，它提醒我們有責任捍衛「雙贏共生」的理念，那是我們的責任。《我們不是一個孤島》（No man is an island），我們是與別人相互關聯、相互依賴、相互影響的。

以下是《我們不是一個孤島》的歌詞：

No man is an island，	沒有人是一座孤島，
No man stands alone，	沒有人能夠自成一體，
Each man's joy is joy to me，	我因你們的快樂而快樂，
Each man's grief is my own.	我因你們的憂傷而憂傷，
We need one another，	我們彼此需要對方，
So I will defend，	所以我會捍衛這一切，
Each man as my brother，	每一個人都是我的兄弟姊妹，
Each man as my friend.	每一個人都是我的朋友，
I saw the people gather，	我看到人們團結一致，
I heard the music start，	當音樂旋律迴旋在我的耳際，
The song that they were singing，	當他們唱起美妙的歌曲，
Is ringing in my heart.	這一切蕩漾於我心……

Chapter **3**

淺談大趨勢

① 網際網路→雲端技術→大數據時代

② 供應鏈的競爭

③ CIO的新職責

1.網際網路→雲端技術→大數據時代

廿一世紀以來，我們的生活因為網路技術的發展而發生了很大的轉變。在這之前，社交媒介還沒有盛行，影音網站還寥寥無幾。網路技術的提升、網路和寬頻的普及都促成了社交媒介的蓬勃發展。

我們每天都可以看到蘋果應用商店（Apple App Store）和安卓市場有新的應用程式上架；每一天有20億人在看YouTube，有中國YouTube之稱的優酷也是一樣。據全球互聯網資訊服務提供者ComScore 2013年3月份的報告顯示：優酷土豆月度綜合流量之和，已經達到60億次[1]。

臉書（Facebook）2004年2月4日上線，是世界排名第一的照片分享網站，每天上載八百五十萬張照片。截至2013年年底，Facebook擁有約12.3億用戶，是全球第一大社交網站；推特（Twitter）是2006年成立的，在短短的8年時間，現在註冊用戶已經達到5億，每月的發推量超過100億。而中國自主開發的微博用戶高達4.15億，已成世界第一微博大國；騰訊推出的微信（WeChat）在短短的兩年內用戶數突破3億，成為全球下載量和使用者量最多的通信軟體，影響力遍及中國大陸、香港、臺灣、東南亞，海外華人聚集地和少數西方人。

在全世界找新的資料，購物，娛樂，看新聞，都可以透過用手機、平板等智慧移動設備（Smart Mobile Device）實現。這些智慧設備有數以萬計的應用程式（APP），它的功能已經不亞於個人電腦，在許多方面甚至超越了

---

[1] http://news.059a.com/article/2013-05-27/internet_news_29238_1_p1.html

170

個人電腦。網路女皇瑪麗‧米克爾（Mary Meeker）❷指出現在智慧型手機的普及仍然處於嬰幼兒階段，日後發展是前途不可估量的。瑪麗認為可穿戴的電子設備時代即將到來，例如帶有感測器可以穿戴的設備，它能夠透過聲音、眼球或者其他器官，而不是手來控制智慧型手機，很大程度上解放了雙手。我們現在已經沒有「笨」的手機，我們聊的是又有哪款手機有新的功能；在電腦方面也有很大的突破，越來越輕，越來越小，畫面也越來越清晰。現在平板電腦已開始顯示出替代傳統個人電腦欣欣向榮的勢頭。

　　透過Facebook、微信等社交媒介，我們每個人都和身邊的人有了更親密的接觸，即使是幾十年不見的同學也都可以透過它再續前緣。我們不再只依賴報紙雜誌瞭解世界正在發生的大轉變，我們可以透過Twitter，透過YouTube，透過微博，透過臉書，去瞭解海量的資訊。學習的方式也在不斷改變，很多世界一流的大學和中學都有在網路上開設線上課程，例如台灣開放式課程聯盟和美國百大名校免費開放式課程都是點擊率很高的線上免費課程網站。線上課程打破了時空的限制，為學生提供了更加靈活的學習環境，不會因為上某一門課的時候臨時有事，而錯過了聽老師精彩講解的機會。所以，這些線上教育的效果並不亞於在教室裡身臨其境地聽老師講課。

　　特別是中國由於淘寶和支付寶的興起，很多人已經迷上了網路購物，因為足不出戶就可以買到全中國各個地區的東西，而且物美價廉，這讓很多大型商場的生意變得蕭條，他們不得不開始考慮，怎樣才能將大商場轉型，以吸引更多的客戶。不少有前瞻性的政府部門也利用社交網路與民眾交流，搜集民意，改進政務，甚至讓民眾直接參與監督與護理，例如開發應用，讓民眾用手機拍攝上傳老損公眾設施的圖片，並利用GPS技術自動標明設施地點

❷瑪麗‧米克爾（Mary Meeker）每年都會發佈的網路趨勢報告。瑪麗‧米克爾是矽谷風投機構 KPCB的合夥人，她被譽為「網路女皇」的理由很簡單，但並不是因為她曾是摩根‧史坦利（Morgan Stanley）的首席分析師，而是因為她在21世紀初網路泡沫的時候，仍一直支持著經營慘澹的微軟、亞馬遜和Ebay等網路公司，等到網路泡沫的風波過去之後，這些公司的股價上升了約10倍左右。

以安排維修。

我們現在已進入大數據時代。例如你進入一個商場，攝影機就會捕捉到一些基本的資訊，例如你是一名中年女性，在螢幕上就會馬上呈現出當日最適合你的物品，並且告訴你每個商品的所在地，以及哪些物品在促銷等，讓你享受物超所值的購物體驗。大數據也可以幫助企業做及時的分析，例如CEO發表了某些言論，網上的一些評論都進入公司的分析系統，讓相關部門作出適當的反應。

在醫療方面，病人只要到住家附近的診療所，透過醫療晶片把健康狀況傳輸到總醫院的專家那裡，讓他們做診斷和治療。

在公路上，可以利用RFID（Radio Frequency Identification Chip）晶片技術感應並搜集各種資料，例如說有多少輛車過去了，哪輛車過去了，能即時追蹤貨櫃的所在地，也可以透過這些來做道路交通狀況的分析和預測，提前告訴司機哪裡可能會塞車，就能很好地疏通交通的流量。其實，RFID晶片很早就已經發明了，但是當時的價格可能是50元左右，而現在不超過5分錢。透過這些便宜的感測器，網際網路發展成了物聯網（Internet Of Things），使得即時資料的搜集變得很實惠。加上網速的提升、超級電腦與資料深度分析軟體的迅速發展，大數據（Big Data）的時代已經到來了。政府、企業、甚至個人，都可以利用這些技術從海量的資料中得到有用的資訊。

雲端技術的發展，使電腦計算與儲存能力無所不在。例如，Dropbox用戶可以透過任何一個Dropbox用戶端，把任何檔存入指定資料夾，同步到雲端，之後就能在全世界任何一個地方獲取該檔。每個用戶還可以在Dropbox裡面設定輸入他想分享的檔案，與其他Dropbox使用者分享海量的資訊。透過雲端技術，我們已經不需要自備記憶體材，也不需要自己做存檔，更不用擔心電腦裡面重要的東西丟失了，這是一個對客戶來說既節省儲存空間又降

低成本的服務。

從網路走向物聯網，再到雲端技術，乃至全球政府與企業專注於發展的大數據戰略，都是在近十年內發生的。日新月異的科技推動著時代的變遷和產業模式的轉型，那麼作為求職者的年輕人又怎能固步自封呢？

2.供應鏈的競爭

21世紀沒有企業與企業的競爭，只有供應鏈與供應鏈的競爭。

——英國供應鏈管理專家馬丁·克里斯多夫（Martin Christopher）❸

我們正處於一個國際化、全球化的時代變革期，網路電子商務大行其道，那麼我們還能夠停留在傳統的思維和操作模式嗎？

全球經濟迅速發展，知識經濟的時代已經到來，新的競爭環境已經形成。企業的運作模式也因為以上的改變有了很大的不同。現在已不是企業和企業的競爭，我們必須注意一個新的概念，那就是跨界合作。

以中國為例，中國移動的競爭對手不是中國聯通，也不是中國電信，而是騰訊。在騰訊推出微信之前，2007年，中國移動短信業務達到7，361億條；但是自從有了微信，中國移動的短信服務明顯受影響，2013年1至2月同比只增長了0.7%，遠遠低於同期增長率。2007年中國移動每人每月平均發送113條短信，到2011年卻只有88條。由此可見，以後的競爭，已不是同業競爭。

關於這個問題，我訪問了花旗銀行高管沈亦文先生，給求職的朋友一些建議。

---

❸馬丁·克里斯多夫（Martin Christopher）博士是英國克蘭菲爾德大學管理學院市場行銷和物流管理學教授，他同時也是該校物流與運輸研究中心的主席，其在物流和供應鏈管理方面取得的研究成果，在全球範圍都享有很高的聲譽。

Stella's 專家會客室

曾任澳新／渣打／荷蘭／花旗銀行高管幹部 沈亦文

沈先生是新加坡國立大學工商管理碩士，在跨國銀行有20年金融產品銷售及研發管理的經驗，他曾是澳新銀行、渣打銀行、荷蘭銀行和花旗銀行的高管。著有《打造三流合一的供應鏈帝國》。

Stella▸ 請您簡述何謂三流合一的供應鏈帝國？

沈亦文▸ 三流合一指的是物流、資訊流和資金流的緊密融合。從前我們講到供應鏈，人們總是想到物流，因為它代表的是一個實體的供應鏈，是一家企業如何從供應商那裡採購原材料、生產後如何再運輸到客戶那裡，是一個傳統的物流供應鏈的概念。在今天我們所處的這個電子化、全球化的世界裡，供應鏈已遠遠超出此一領域，而成為一場資訊流與資金流之間的戰爭。簡單地說，今天誰在物流的基礎上掌控了資訊流和資金流，誰就獲得了競爭的利器。在現金為王的世界裡，資金流的管理與優化的重要性已毋庸置疑。而資訊流則是串起物流和資金流的紅線。所以說，今天企業之間的競爭其實質是供應鏈與供應鏈之間的競爭，而競爭的差異化就來自於如何在物流的基礎更好地利用資訊流與資金流，形成三流合一。

Stella▸ 根據這個大走勢，您可以給我們的求職者一些建議嗎？

沈亦文▸ 求職者應該注意以下幾點：

1. 價值鏈的提升（Move up the value chain）。舉個例子，在銀行，我們有很多產品，假如你停留在只知道普通和基礎產品的話，那你的知識很容易被淘汰。因為在銀行其實有很多所謂的高檔次產品

（Creamy Product），就是非常專業與靈活的產品，那你如果只是學基礎的東西，那你對公司的價值就不能體現。如果你只知道一些粗淺的東西，基礎的東西，就不能應付以後的需要。

2.我們是處在一個高度改變的社會裡，若我們要打破傳統的思維和侷限，就要做思維的突破（Paradigm Shift）。傳統的行業很快會被新的模式與概念所取代，而這些新的事物，我們的主要核心來自有效的資訊，就是資訊流。資訊流產生跨界的行業，這時候成就了兩種人：一種是企業家，那些企業家們學到了新知識，再結合他們自己的特長，就會創造出新的事業，例如：馬雲和李彥宏。第二種人是在職者，他們要把握新的事物並努力學習，加上自己的強項，然後他在打工領域才會成長得更快。

Stella 請您給在職者再談一下資金流的問題，對求職者您有什麼建議？

沈亦文 資金流的管理對於企業與個人都同樣適用，只不過企業相對宏觀些，而個人相對微觀些。在中國企業，尤其是民營企業，在資金流管理上普遍存在有三大缺陷：

（1）不要貸款的誤區：你可以沒有貸款，但你不能沒有銀行信用，你也可以將你的銀行信用用到你的上下游企業，從而獲得更大的收益。

（2）不懂改善財務報表的重要性：融資的工具多種多樣，巧妙地利用金融工具，在獲得融資的同時不僅可以做到不增加你的負債，更可以改善你的財務報表，從而進入良性迴圈。

（3）不懂境內外資金聯動：也就是如何利用海外低廉的資金成本來發展國內的業務，從而形成內外資金聯動。

其實個人的資金管理也是如此。你一定要有銀行信用；你要懂得如何使用金融槓桿來獲得更多資金、配比更大的資產；你要放眼世界，在低利率市場裡獲得資金。當你有一定的財富累積時，你也要像企業那樣將資金分為三類：流動資金、富裕資金、投資資金，從而做不同的配置與管理運作。一個好的資金流管理與財富管理能產生巨大的收益，而這都離不開對各種資訊資訊的掌握。

3.CIO的新職責

我們在網路上已經看到不少的職位描述都沒有很清晰的工作界限，所以你如果執意要一個清晰的職業描述，自以為這樣可以更保護自己，那你會給雇主留下很不好的印象，因為他沒有辦法確保你永遠在同一個職位上做同樣的工作，所以不太可能給你清晰的工作描述。

就拿CIO來說吧，傳統的CIO職責與今天網路上搜尋到的CIO職業描述大不相同，CIO在企業的重要性的確是未來發展的大趨勢。在這裡，我總結了現在企業徵求CIO的職業描述和基本要求。

1、熟悉商業流程，有相關行業從業經驗。

2、有良好的溝通能力。

3、整合資訊流、物流、資金流、說明企業流程重組。

4、挖掘資訊資源，整合資訊資源，向上級報告資訊資源整合成果。

5、確保資料和網路安全。

6、具備資訊系統規劃設計的專業技能。

7、制定企業資訊化發展戰略，協助企業減少營運成本、增加收益。

8、聯繫企業外部供應商、為企業各部門提供資訊技術、提供軟硬體方面的支援，為業務發展提供全面技術保障，確保企業日常系統和網路能夠順利運行。

9、說明企業資訊化培訓、管理資訊技術團隊、有效進行績效考核。

10、解決上級分配的其他任務。

從以上的職業描述讀者可以看出，今天的CIO除了必須有高度的技術能力之外，他們也必須要有生意頭腦，具備財務知識，同時要與上級、各部門的同事和利益相關者等建立信任關係，以便說服他們一起合作。

　　傳統CIO的職責是給企業做技術上的支持，你可以想像，他們在後臺接電話或者是等待投訴E-mail，或者接受管理者的指示來完成工作。但是今後的CIO必須負起創新和領導的責任，他們除了要能夠解決技術上的問題以外，更重要的職責是引領公司的創新和發展。一個好的CIO必須很深切地知道企業的需要，然後帶領公司創新。

　　但是，所有的CIO都會說，我做技術都沒有時間，哪裡還有精力去帶頭創新呢？可是這是大勢所趨，現在的CIO必須加快腳步，瞭解市場上有什麼最新的技術，他們必須不停地學習，把勝任力提高。

　　除了職位描述不一樣之外，我們要關注到CIO的權力和地位也有所不同了。傳統上，CIO是幕後工作者，但是以後的CIO必須要走在前面，他們必須拿出熱情來，不但要解決技術上的問題，而且還要成為公司的領航者，因為這是一個科技時代，他們可以把他們對科技的優勢最大化利用在企業創新裡。所以CIO必須要有很強的溝通能力，讓各階層的人都能夠理解和支持他的新理念，明白最新的大趨勢，以及為什麼要進行創新。

　　從CIO職位的描述大改變，我希望讀者瞭解為什麼我們需要知道大走勢，不可以再閉門造車了。我們是世界的一員，外面的改變一定會影響我們，我們要能提高自身的能力和心態，歡歡喜喜地去迎接新的改變，而不是做一個落伍的、對外界事物茫然無所知的人。

　　因為在每一次的變革中，都蘊含著無止盡的機遇。年輕的求職者如果善於把握，必然能開創出屬於自己的一片天地。

Chapter *4*

求職篇

❶ 敲響潛在雇主的門

❷ 履歷

❸ 求職信

❹ 面試

❺ 薪酬談判

❻ 推薦人與背景調查報告

❼ 如何順利通過試用期？

❽ 找不到理想的工作怎麼辦？

在網上有不少很好的書籍都在教導讀者如何找工作、如何寫履歷、如何參加面試。例如，《你的降落傘是什麼顏色？》❶、《世界500強面試實錄》、《世界500強人力資源總監筆記》http：//susanireland.com/coverletterwork.htm等都是很棒的資料，大家不妨多參考。

1.敲響潛在雇主的門

一般上我們找工作都會透過上網、隨意地寄送履歷給潛在雇主或者透過廣告找工作。其實，這是最差勁的方法，因為你看到的徵才資訊，別人也看到了，那麼你要怎麼做才能脫穎而出呢？

我任職新加坡渣打銀行的人事主管期間，每次到大學校園徵才都特別累，因為我們收到的履歷特別多，單是一間大學學生所投的履歷就起碼有一米高。要完全看完這些履歷並篩選，是非常費神的。我會先告訴我底下的經理們篩選的一些標準，例如成績、課外活動。但是大學生的成績幾乎在一個水準上，好的大學生也會積極參加課外活動，我們都會感到非常糾結，取捨是一個大問題。通常我們都工作到凌晨，但是精確的篩選還是不盡人意。

你可能會想，怎麼世界500強的企業前人事主管竟然還說履歷的篩選不能盡善盡美？我只能告訴你確實是這樣。所以，你的履歷一定要做得漂亮、紙張要吸引眼球，我更建議你用快遞寄送，寫上人事主管的名字，讓他有機會親手打開你的快遞，順便看你的履歷一眼。

最有效的求職方法是透過該公司的同事親手把你的履歷交給人事部，他們一定會另眼相看的。除非被推薦的候選人沒有達到公司的基本要求，否則你進入面試的機會非常的高，因為能夠進入面試就等於成功了一半。

---

❶《你的降落傘是什麼顏色》（What color is your parachute？）理查‧尼爾森‧鮑利斯（Richard Nelson Bolles），是職業指導大師與暢銷書作家，他改變了全世界數百萬人看待工作和生活的方式，特別是那些陷入茫然和自我懷疑的求職者和跳槽者。

　　年輕人可能會說為什麼要靠關係呢？我要自食其力，我要自己闖出一片天空，不要利用裙帶關係。那我說，你錯了！你有關係卻不用，那太浪費了。假如我們本來就有一個敲門磚，為何不用呢？當然我們要自食其力，努力工作。其實內部推薦並不是什麼黑箱操作，而是求才採用的方法之一。

　　很多大公司都給在職員工獎金，要他們推薦朋友來就職，因為志同道合的人總是聚在一起。如果你說我真的沒有人脈，那完全是「藉口」。聽清楚了，我說那是「藉口」。我在下面會詳細說明如何找到關係。

　　我的長女穎涵在大學的成績非常優秀，教授也特別喜歡她，實習的表現也特別好。所以當她畢業的時候就想靠自己的力量找一份工作，結果，在找工作這件事情上碰得灰頭土臉。好不容易，終於找到了一份工作，連她自己都覺得不是很理想。但是美國規定，外國學生必須在畢業一年內找到工作否則就不可以留在美國，她在畢業後第十一個月才找到這份工作，因為她很想留在美國，所以也無可奈何。

　　之前我告訴她，老媽是做獵頭的，在美國也有不少關係，讓她把履歷給我看一眼，我可以幫她修改，但她執意不肯，認為沒有必要。因為她自信滿滿以為自己很優秀，而且她已經請教了學校職業輔導中心的老師，就是不想讓我幫忙。跟青少年溝通的確吃力，我也就不勉強她，讓她去。結果上班不到一個月的時間，她自己找我說：「媽，你不是一直要看我的履歷嗎？你幫我看看吧。」我幫她修改了履歷，也徵求她的同意，把履歷發給我的朋友，最後給她找到了一份她夢寐以求的工作，是在一家知名的美國企業，工資是之前工作的兩倍。

　　因為穎涵確實很優秀，公司特別重用她，不但給她工作機會還替她申請綠卡、提供修讀MBA的機會。穎涵當年才22歲，根本不可能有像媽媽這樣的人際關係。當然找到關係之後，面試要靠自己，之後的工作表現更要靠自己的努力了。

如果你說你家裡沒有背景、沒有關係，那怎麼辦？

公司在徵才的時候，一般會先向在公司任職的同事詢問有沒有合適的人選、透過熟人推薦、透過公司的合作夥伴和代理商詢問，有沒有合適的人才，最後才會透過廣告、網站等媒介刊登招募資訊。所以最好的方式是盡可能地取得聯絡，讓「關係」幫忙推薦，提高入職成功率。

詢問身邊的任何一個人，任何一個你認識的人都是你的「關係」。你的家人、朋友、同學、親戚、學長姊、鄰居、校友、朋友的朋友、朋友的親戚、朋友的上司、同事的朋友、同事、銷售人員、維修人員。在超市、大街上、捷運、公車上遇見的人，櫃檯辦事員、旅行時認識的朋友、髮型師、服務員、保全、櫃臺人員、網路、臉書的朋友、晨跑的朋友、合作夥伴、醫生、教授、老師……每個人可以與你連得上關係的，都屬於你的群體、你的關係。

現在是網路時代，要連絡上有關係的人，就更加容易了。你可以用臉書、推特、Skype、LinkedIn、部落格或者在別人的部落格上留言或者回覆，都是建立關係、找人幫忙的好方法。總而言之，你要與更多的人見面、交朋友、參加研討會，發展人脈關係和建立人脈網路。

去年暑假，我住的社區來了一個年輕的小保全，叫小華。他長得眉清目秀，很討人喜歡，而且也很有禮貌。我跟他聊天，知道他是讀專科的，就要畢業了，他告訴我，工作不容易找，所以他到我們社區做保全。他比較喜歡英文，發現我們社區住了很多外國人，希望學一點英文。我問他，你是希望學？還是一定要學？他說，一定要。那我就說，你應該馬上付諸行動，看到外國人就跟他們用英語打招呼，然後請他們教一兩句英語。我也經常透過微信教他英文。小華還告訴我他的理想職業是做銷售。我告訴他，要找工作，就是要像上面所說的，抓住每一個機會，看到人就告訴他們，你想做銷售。

有一天，小華在社區門口等我，已經是晚上八點多了，他很緊張的告訴

我，社區的一個外國人叫他明天去面試，他把這個外國人的名片給我看了，問我應不應該去，他不相信自己有這麼好的機遇。我告訴他：你應該相信自己是幸運的，也應該相信自己是很棒的。其實，我對他給我的印象非常好，假如我的公司有空缺的話，我也會考慮錄用他。結果，小華果然就進入了這家公司，成為了銷售的實習生。

今年七月，我又在社區的門口看到他，他拿了一些小禮物送我，用一口流利的英語告訴我，他已經成為正式的銷售員了，他學了很多，尤其是英語。他的案例就清楚的說明，一個來自專科的小孩因為用積極的心態去找「關係」，告訴別人他的訴求，結果找到理想的工作。

打通「人脈」

在求職的過程中，我們首先要下定決心多投履歷。銷售之神傑‧亞伯拉罕（Jay Abraham）[2]曾說過，銷售者必須具備良好的心態和認知。

首先，銷售者必須發出很多封推銷DM，根據阿布拉罕的說法，一般我們發出去100封DM，收到2封回覆就已經很不錯了。這與求職的情形相似，求職者發出多封求職信，有時未必會有回覆，猶如石沉大海。難得的答覆也未必獲得錄用。那麼求職者必須主動跟進、跟進、不斷地跟進。阿布拉罕說很多人在中途就放棄了，但其實根據他的經驗，要跟進7次才會看到結果。我們也有一句這樣的成語：為山九仞，功虧一簣，說的就是這個道理。所以，如果你的心理素質不夠高也沒有這個認知，那你很快就會有不必要的挫折感，這對你尋找工作沒有什麼好處，因為成功往往只差一步。

---

[2]傑‧亞伯拉罕（Jay Abraham）是具有傳奇色彩的行銷大師，是《發現你的銷售力量》的作者。亞伯拉罕被譽為「世上最偉大的市場行銷智囊」、「直接行銷鬼才」、「零售領域獨一無二的專家」與「國際第一行銷管理大師」。其輔導過470個行業，14000家企業，個人諮詢收入超過1億美金。《財富》、《富比世》排行榜評選出全美最偉大的五位商業決策教練之一。 在其25年的行銷生涯，曾協助四百多種產業裡的上萬家公司的發展成長，其中包括了IBM、微軟、花旗銀行與聯邦快遞等等。

求職者除了要發許多求職信之外，還要列出二十個你所敬仰的人名。這些人是你認為可能可以幫你找到工作或者找到關係人的人，他們可能是你的長輩或者同事，甚至是你剛認識的人，你都一一寫好信把你的履歷與求職信用很好的紙列印，快遞或郵遞給這二十位關係人。

等信寄出的兩天後，記得打電話再次託他們幫忙，並用e-mail發送原件以方便他們為你轉送給他們的朋友。一定要相信自己有至少二十個這樣的關係人，我為許多來自偏遠地區的畢業生做輔導，他們一開始也說自己沒有人脈，但都在十分鐘內寫下二十個名字，非常興奮。

除此之外也要把履歷發給獵頭與諮詢公司。這些公司的客戶雖然不會請他們幫忙找沒什麼經驗的員工，但因為他們與客戶經常溝通有關人力資本的事，也就首先得知客戶需要什麼樣的員工，你的求職信是有機會被他們用上的。

寫下20個推薦人

❶ _____

❷ _____

❸ _____

❹ _____

❺ _____

❻ _____

❼ _____

❽ _____

❾ _____

❿ _____

⓫ _____

⓬ _____

⓭ _____

⓮ _____

⓯ _____

⓰ _____

⓱ _____

⓲ _____

⓳ _____

⓴ _____

　　其次，像《秘密》與其他正能量的書籍裡，都會談到要有正能量。因為我們的大腦是一個磁場，我們相信自己是幸運的，就會把幸運集中到我們身邊來。

我在《讀者文摘》中看到一篇短文，人事經理愁眉苦臉，因為求才工作的履歷太多，壓力很大，於是總經理從一堆的履歷中抽出一疊，交給人事經理說你就從這一疊裡選人面試吧！人事經理說這樣做不合適吧？對沒有在這一疊的人很不公平。總經理便說取捨本來就是主觀的，誰叫他們不幸運。

幸運真的是要爭取的！你把履歷交給關係人，你就是那疊幸運人之一。

有效地與「關係人」溝通

當我們找到在企業工作的關係人後，就要儘快打電話給他，約定好見面時間，事先表達來意並說明只會占用他20分鐘。在見面的時候先寒暄一會兒，要記住那不是主題但是能夠製造氣氛，你僅有20分鐘時間所以要把握好，如果會談超時，你沒有遵守承諾，對方會不高興的。

我們要珍惜與關係人談話的機會，充分利用好這個難得的機會建立關係，並且在適當的時候獲得所要資訊。例如：目前有哪家公司有職務空缺？求才的負責人是誰以及求才者的聯繫方式？關係人可否幫忙引薦或直接讓你與用人單位取得聯繫？這個公司的組織架構、人員流動情況和發展前景如何？若關係人知道相關資訊，就請他給你求才者的姓名、電話、地址、e-mail、工作職位等。你還應該利用這個機會，讓關係人對你有更深入、全面的瞭解，告知你的學歷、技能和經驗等，為將來的就業埋下重要的伏筆。

在這裡我想說的是順藤摸瓜這個道理，意思是根據某個線索展開一系列地詢問，得到答案以後再進一步詢問，充分的準備是非常必要的。切忌連珠炮似地發問，避免令關係人反感。

我在做求才、獵頭業務的時候，也循著順藤摸瓜的原理來取得資訊。首先，我們會透過職業描述（JD）瞭解客戶的需求，然後我們會坐下來討論相關的行業有哪些，接著我們會透過各種管道找到挖掘候選人的方法。例如我

們會透過關係人轉介合適的人選，我們會透過各種方法找到我們有興趣的企業員工名單，透過一個一個的電話找到候選人。假如這個人沒有興趣考慮我們要介紹的職位，我們就會懇請他推薦別的人選。總而言之，那是一個鍥而不捨的過程，透過一重又一重的關係，最終找到我們要面試的候選人。

企業做銷售也是用同樣的道理。他們當然會做廣告、行銷，但是銷售人員也是會透過找關係，建立關係網和管道來達到銷售目標的。作為一個求職者，你就是要把自己推銷給你的準雇主，那整個流程的操作就應該如上所述。

如果你說你沒有關係、沒有背景、跟周圍的人互動少、幾乎沒有希望，怎麼辦？其實，即便你沒有認識的關係，你完全可以主動出擊。從自己開始，動手打電話到目標企業告訴接線小姐或連絡人你的訴求，請他們轉線給負責徵才或有權利雇用的主管。只要你對自己有信心、只要你懇切請求，機會是有的。

我的好朋友，Dave是美國著名暖風機負責海外市場的總經理。20年前他剛獲得商學學士的文憑，到了威斯康辛州找朋友，這家暖風機公司的總部就在威斯康辛州，他想趁這個機會申請該公司的職位，但是他怎麼也找不到相關的關係人。

於是，他很有禮貌的打電話跟該公司的櫃臺溝通，櫃臺說，公司的確在徵人但是只找工程系的畢業生做銷售。Dave懇請櫃臺幫忙轉接跟任何一位部門經理溝通，櫃臺被感動了，就真的幫他轉電話給一名部門經理。他抓緊了這個機會要求與該經理見面並且說明只需要佔用20分鐘的時間。

因為他是一個優秀的人才，態度又非常的殷切，所以整個溝通的過程非常順暢，這位部門經理把他轉介紹給人事部，經過幾輪面試，他成功地被錄取。在這家公司他表現出眾，現在他不但是負責海外市場的總經理，還成為該公司董事部成員。

　　Dave的成功例子說明了：一、只要我們肯嘗試，不要輕言放棄，機會永遠是給願意成功的人。二、不要小看任何一個可以給予我們幫助的小人物，你也許會說可能外國人比較客氣，但其實他們也很官腔，也很不友善，但是只要你相信自己，你的誠意是會感染別人的，最重要的是相信自己是最幸運的。

　　結束與關係人的對話之後，別忘了感謝。除了當面言語上表達感謝，回去之後最好用e-mail、簡訊或是郵寄等的方式發送一封感謝信。

 ## 2.履歷

　　在撰寫履歷的時候儘量精簡、寫重點，避免囉嗦冗長的細說，但也要記得將必要的資訊具體表述，同時兼顧邏輯嚴謹、條理清晰，少用些形容詞而沒有很好地加以解釋。

　　當求職者在表達他們的經歷時，如果講得太過籠統，就不能夠讓面試官看出重點。例如，有些同學會說我在某某協會擔任秘書職位，但是這樣的陳述並不能夠讓面試官覺得你有什麼獨特之處，你應該特別申明自己在這個職位上做了什麼、學到了什麼、付出了什麼。你要對你的經驗、強項、特長、技能與個人特質做一個總結。

　　履歷就像一張名片，不是你的傳記，要言簡意賅，一般履歷不可以超過兩頁紙，有些求職者特別喜歡分享自己內心的感受和觸動，這些都沒有必要。（在寫履歷時，應該完成《如何更好地瞭解自己》、《填寫個人資料表》、《公司資料表》和《SWOT表》）。

　　在徵才方還沒決定面試你之前，你的履歷就代表著你的人，你的履歷就是你的歷史——你的形象、你的素養、你的能力。第一印象就是一切，履歷是你的第一印象，是取得面試機會的第一關。

那我們可以怎樣塑造履歷這個第一印象呢？你可以用更好的紙張、更好的履歷排版，選用10-12號字，都能夠幫助徵才者多看你的履歷一眼。除了選用專業術語編寫履歷以外，儘量不要咬文嚼字，最後連同求職信，用快遞的方式郵寄或請朋友轉交給心目中的公司。

很多人沒有用心把自己的貢獻和成就這個部分說好，那是很可惜的。你一定要絞盡腦汁好好想一想，把自己的成就和貢獻總結出來。

我給一個外國的博士生作輔導，他的專業是化工，他的履歷有一大堆的專有名詞，我完全看不懂。他在履歷裡只說他做某某實驗，但是卻沒有強調自己的貢獻和成就。後來在溝通的過程中，我瞭解到這位博士生是用了超乎常人的努力不停地去做實驗和求證的，他應該在履歷上寫：每週做68個小時的實驗，這樣別人可以看出他的用功。

而且，其實在他的實驗發現了某個元素，那是何等重要的突破啊！但他卻平鋪直敘地說：發現了○元素。像我這樣的外行人甚至是專家也不會以為有什麼特別。我們可能認為，這個○元素只是結合了前人的經驗，而不是他的偉大發現。這個博士生也沒有談到他的課外活動，他認為做為一名科研人員，實際的專業技能比較重要。但是，公司要請的是一個人，不是一台機器。一個能夠為團隊服務，能夠擔當社團要職的人，總會比那些讀死書、死讀書的人更加值得錄用。

只要你所陳述的都是事實，你敘說你的成功史就不要覺得那會太過囂張。

由於應屆大學生除了在學校、課外活動以及一些實習專案以外，沒有什麼其他比較優勢的工作經驗，所以在撰寫履歷的時候更要用心。凡是實習的經驗、技能與成就都必須寫上，而且還要寫自己有什麼個人素質和強項，在實習中得到哪些提升、有什麼特殊的工作表現、以及所得到的榮譽。只說自

己的職責就太空泛了。很多大學生直接說我就是沒有什麼經驗，所以也沒什麼好寫的，是這樣嗎？假如自己已經放棄了自己，別人怎麼可能對你有興趣呢？

如果你已經步入職場3至5年的時間，有一定的職場歷練了，在寫履歷時就強調你在職場上的優勢，例如累積了多少穩定的客戶源、有哪些銷售管道的優勢、個人曾經帶領團隊做出哪些成就、個人對於公司的貢獻、業績、個人以及所在團隊的銷售額增長的百分比等等。

有些求職者喜歡用加密的PDF的格式附上履歷，因為它看起來很專業，但是這裡有一個非常重要的細節要和大家說明。做第一輪篩選工作的是人事專員，他們篩選之後要做一個推薦表給人事主管，方便他們比較和閱讀。如果你的履歷是PDF格式，複製和黏貼會非常不方便。所以我建議你的履歷最好是Word文檔。

還有，徵才方會關注你工作經歷之間的時間間隔，如果有間隔，一定要解釋清楚為什麼。如果你的經驗是實習，一定要標明是實習工作，否則會讓人誤以為你是個跳槽頻繁的人。你要說明每個離職的理由，以速使面試官對你下正確的判斷。

履歷點評

以下是我點評的兩個履歷範本，希望你在撰寫履歷的時候有所幫助。
應屆畢業生履歷一：

應屆畢業生履歷一：

個人資料

姓名：XXX

聯絡地址：　　　　　　　　　　　　　　電話：XXXX-XXXXXX

電郵：XXX@yahoo.com

應徵

所有標題都應該加粗或用大一點字型大小

LCCI國際證照校園菁英種子培育計畫

教育程度

國立政治大學國際貿易學系四年級　　*哪一年畢業？*

應該說明自己做了什麼有什麼成就？

工作經驗　　　　　　　　　　　　　　　　　　　　　*做了什麼？*

臺灣微軟	第二屆「未來生涯體驗計畫」成員之一	05/2005－迄今
何嘉仁文教機構	擔任美語老師	08/2004－07/2005
中山區地政處	資料建檔人員	07/2004－08/2004
商業週刊	「九十三年度一千大企業大調查」項目助理	03/2004－05/2004
商學院院辦公室	文書處理人員	09/2003－06/2004
市府社會局	第二科資料建檔人員	06/2003－09/2003
市府社會局	第三科行政助理	01/2003－02/2003

一堆的活動不能說明這個人懂什麼，為團隊貢獻什麼？

社團/課外活動

2005 Business Orientation Program （in Hong Kong）	03~17/07/2005
NMUN「聯合國大學生高峰會」	10/2004－03/2005
沖繩GPAC（與日本、韓國7所大學的學生交流）	26-29 /08/2004
YWCA「女青大使種籽培育營」女青大使成員	05/2004－08/2004
政大「2004 國際學生領袖會議5/21-5/22」籌備人員	03/2004－05/2004
政大國貿系學會總幹事	08/2003－01/2004
政大國貿系學會公關股股員	09/2002－06/2003
政大校園導覽義工團「引水人」之成員	09/2002－迄今

專長與特質

語言能力：英語、國語、台語皆流利

電腦能力：Microsoft Office， Flash

個人特質：有學習熱忱、企圖心、積極主動、具有溝通協調及領導的能力

增加推薦人、職稱、聯絡方式

★一定要確保段落分明。例如「個人資料」、「學歷」、「學業成績」及「獲獎狀況」
　等都應該深和大的字型來區分。

*用詞要注意。何以見得？這沒說清楚，很空泛。
另外，必須用實力說明。*

應屆畢業生履歷二：

這個候選人曾經到大陸上學，所以在履歷中必須特別注明求學和單位的地點是大陸還是臺灣

姓名：○○○
電郵：○○○@gmail.com
手機：○○○○○○○○○○○（+86）　　手機注意寫上區號。
住址：○○○○○○○○

凡是標題字型大小都應該加粗，加深。

教育背景

因為不是在臺灣所以要特別注明，在括弧裡寫下大陸二字。

09/2011至今　　北京大學法學院
應該注明獲得港澳臺獎學金。
➢ 金融法律專業，將於2014年7月獲得碩士學位。
➢ 已修課程包括：民、刑法，訴訟法、憲、行法、國際法。

09/2006-06/2009　　中國文化大學
➢ 法律學士
➢ 三年修完法學院應修學分

這是一所臺灣大學，應該括弧注明是臺灣。

此人2009年獲法學院最佳服務獎與本科排名第17名都應該寫上。

語言能力。

應該把能用純熟的粵語和閩南語寫上。英文托益成績（585分）以及法語檢定（TCF315分）的成績應該填上。

字型大小加大加粗。

工作經驗

時間也要加大加粗。

11/2012-04/2013　　英國羅思法律諮詢所
實習生

這是一家北京公司，必須註明。

➢ 參與CIELA（中國智慧財產權實施與訴訟分析）專案，收集和分析CIELA專案的相關法律資料，更新與維護CIELA網站的運行。

這可以說地更細，並分段說明。例如與此人溝通以後我們知道他在實習期間統整2000-2012年所有有關專利的判決與覆議。

翻譯法規太籠統，應該說明翻譯什麼法規，是由中文翻譯成英文嗎？

➢ 翻譯法規。
➢ 提供相關的法律檢索和法律評析服務，並製作分析報告。

應該說清楚一些，例如寫是做了找尋臺灣有關戒煙器的法規及新聞並統整。

可以寫上離職原因。例如實習期結束，回學校完成課業。

➢ 提供法律中英互譯。

06/2010-10/2010　　冠綸國際法律事務所
法務專員

字型大小加大加粗。

在臺灣要括弧臺灣。

➢ 與客戶進行協商有關於法律適用及跟進法院進度。
➢ 契約草擬如合夥契約。
➢ 申請臺灣、中國其他國家如印度及美國商標。並且向當地智產局提出申覆。
➢ 撰寫法院書狀及遞狀，並且至法院閱卷準備下一審開庭。

寫上離職理由，如辦理
入學及準備相關考試。

➤ 協助客戶執行法院判決如請求賠償。

以上職務都沒寫清楚，溝通後改寫如
下，能夠很清楚說明工作內容與成就。
撰寫法律相關文書，如陳報狀約20件、
延期開庭狀約5件、強制執行狀約10
件、存證信函約5件、聲請提存狀約10
件、聲請取回提存狀約15件、委任狀約
30件及授權書約2件；
陪同法院書記官到被查封的土地逕行指
界及聲請強制執行被告人之土地，完成
件數約1件；
幫當事人在大陸及其他國家申請商標及
覆議程式，完成件數約20件；
成功替客戶減少總代理費用，由2600美
元減到1800美元。

時間字型大小
加大加粗。

07/2009-06/2010　財政部關稅總局
➤ 協助他國海關參訪活動
➤ 翻譯相關緝私檔

這裡應該寫上離
職理由，如服役
時間結束。

社團活動　　字型大小加大加粗。

03/2008-06/2009　中國文化大學法學院聯合謝師
宴及法學院第四十屆畢刊
總召集人
➤ 負責及統籌活動順利進行
➤ 組織安排各班應處理事項
➤ 與各廠商協商

09/ 006-06/2009　班級代表
領導
➤ 領導班級
➤ 成功舉辦班遊及聚餐

這裡可以寫上參與人數及
成功組辦多少場活動。

09/2006-06/2007　中國文化大學法學院學生會
副會長
➤ 策劃組織活動，迎新、歌唱大賽、球類比賽、法律講座。

增加推薦人、職稱、聯絡方式

 ### 3.求職信

　　履歷和求職信都非常重要，它不但決定你是否會被選中面試，而且在面試時，如果履歷和求職信寫得好，它也方便求職者更好地介紹自己。不僅如此，當面試官要決定錄用的時候，履歷和求職信也發揮了很大的作用，因為薪酬是一個非常主觀的決定，你把個人的經歷、技能、強項與成就寫清楚，就是闡明你的市場價值。

　　我要特別強調求職信的重要性。首先，它幫助你提煉履歷中的精華，讓別人清楚知道，在履歷裡沒有說明清楚的部分。其次，每封履歷都大同小異，但是求職信卻能夠表現求職者的精神面貌。

　　在寫求職信的時候，請注意把你最重要的資訊、最出色的經歷、你認為最能讓面試人員看中的資訊寫在最醒目的地方。一頁紙張最容易被關注的是中間的1/3部分。在這裡我提供一個寫求職信的標準格式：

　　首先在求職信的右上方寫上自己的姓名與聯繫方式，然後填上日期。

　　接著在左邊寫上公司的名字與徵才部門負責人的姓名、職稱和地址。

　　寫履歷和求職信切記要有的放矢。在眾多的求職者中若要脫穎而出，履歷和求職信的重要性是不言而喻的。需要平時將自己的特長、相關工作經驗等加以記錄、統整，且須經過反覆修改和演練。而草擬求職信的過程，與其閉門造車，不如利用網路資源來獲得靈感，例如，透過搜尋引擎尋找適合自己工作的同時，就是構思履歷和求職信的最佳時機，因為用人單位所提供的職業描述，若與應徵者的資歷相符，那麼有選擇性的摘抄，必然比自己挖空心思地加以羅列來得便捷合適。換句話說，當你明確自己所期望的職位後就到搜尋引擎上尋找職位空缺。詳細閱讀用人單位的職業描述，再鎖定自己能夠勝任的職位，並把相符的資料摘抄下來，同時加以修飾與自己的情況相符。這樣既縮短你寫履歷和求職信的過程，也為自己的面試做好準備。

範本 「求職信」

　　一般我們中文信用敬啟者來稱呼人事人員，但是如果你寫英文信，又知道徵才者的名字，那你就寫上○○先生或小姐／女士。

　　信的第一段應該自我介紹，包括學歷和自己對工作的興趣等。（例：我是2012年的畢業生，在北京大學念的是工商管理，今年六月剛剛拿到工商管理學士學位。在○○網站看到貴公司徵求銷售員的資訊，我對該職位的職業描述非常感興趣。同時我也在網路搜尋了有關貴公司的訊息，對公司的文化和價值觀都很認可。我是一個有熱情的人，一定會全力以赴把工作做好。）

　　說明你認為你很適合這份工作，（例：在貴公司的職業描述中提到了銷售員所應具備的個人素質。我是一個善於溝通的人，在校擔當班代的時候，我會利用各種途徑進行溝通。除了確保同學得到足夠的訊息之外，我也有很好的對上和對外溝通能力。舉例來說，有位同學生病必須療養。同時，我號召同學募捐了1萬元，並且找到○○藥劑公司向他們說明情況，為我的同學爭取了用特價購買藥物。這一點說明了我的溝通能力和願意擔當。）

　　描述工作經驗，工作技能，工作成就，心態、甚至是你的優勢……（你可以根據以上的思路把自己的經驗，技能，成就，心態用實際的例子說明。）描述自己的行為特徵，自我評價自己的適應度（例：我的個人特質是精力充沛，能夠不斷在工作和學習中找到樂趣。所以，我很享受大學生活，也自認能夠把這個良好的心態用在工作上。）

　　其他訊息例如所得到的的獎項，推薦人的介紹，表明自己能夠上班的時間和自由度。最後重申你對工作的興趣和願意為工作而努力。然後說，謹此附上履歷，期待您的回覆，謝謝！

　　要記得簽名，然後在下面用正楷寫上自己的名字。

　　下面我點評兩封求職信：

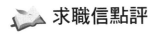

求職信點評

應屆畢業生求職信一：

> 這裡寫上日期

> 應該寫上收信
> 人的職位

> 這裡應該寫「有關
> 申請XX職位」

積極面對人生的挑戰

> 雇主沒有時間
> 看你文縐縐的
> 長篇大論。

回首目前為止不到四年的大學生活，每年我都給自己下一個目標：不論是在打工或是自我成就方面，我要讓自己每年都在成長、每次都能夠從經驗中得到教訓，永遠不輕言放棄、朝著成為一個全方位人才前進。

在大二上學期，有幸成為國貿系系學會的會長，在帶領整個學會運作的同時，讓我體認到一社團就如同小型的社會，同學和我正隱約的發揮社會分工，體會牽一髮而動全身的密切連鎖，也在與成員溝通協調的過程中，學會站在對方的角度思考問題，進而達到雙贏的結果。系學會中同學的相互扶持、鼓勵包容的團隊精神，更使我從中學習到寶貴的做事經驗、榮譽感、責任心與帶人處世的圓通豁達。

大二下學期，成為了「2004 國際學生領袖會議」的籌備人員，在籌畫的過程中發現－即使一個團體是由來自不同背景的人所構成，只要大家有共同的目標、共用使命達成的榮譽感，一樣可以將事情做的很好！這次的國際學生會議不僅打開了我的國際視野，更藉此機會認識了來自世界各國的朋友，在觀察和學習中，體會了文化的重要性以及差異性，讓我期許自己成為一個具有國際觀的人，不但更加積極的學習也樂於接受多元文化的衝擊，更要永遠保持一顆謙卑的心、虛心受教。

NMUN「聯合國大學生高峰會」是一個全世界最大的模擬聯合國會議，每年約有2、3千個來自全世界各國的大學生，齊聚於美國紐約的聯合國總部開會。我在2005年參與這個會議，不僅更加提升了我的國際視野，更體認到臺灣如果要加入聯合國，必須透過每個人的努力，發揮跑馬拉松的精神！結交外國朋友的同時，我也把臺灣被國際社會孤立的情況告訴他們，讓他們知道臺灣不但無法加入聯合國，甚至被國際社會忽視的事實。我想，當一個人對國際事務越瞭解的時候，心胸眼光就會更寬闊，這時所看到的不再是狹隘的環境或者只是臺灣國內而已，視野將擴及全世界，整個世界就是我們未來關懷和參與的領域。

至於從大一以來就一直參加的社團——政大「校園導覽義工團－引水人」，我在其中接受正式有系統的義工訓練與五C信念 — Commitment，Consistence，Cooperation，Communication，Creativity！我們社團主要的任務就是接待來學校參訪的外賓，並且介紹政大給他們認識，讓他們透過我們更瞭解政大、並且進一步喜歡政大。我們介紹不僅是帶校園導覽、還有設計簡報呈現給外賓觀看，由於這些經驗的累積，讓我對於簡報呈現技巧愈來越駕輕就熟！也因為我們總要面對一大群的高中生或是外賓，這些經驗使得我越來越有勇氣和自信，勇於在眾多的人面前自然的做我自己、表達自己的想法！

由於從小母親就給了我相當的自主權，讓我不論做任何事情都養成了自動自發的習慣，知道自己的一切須由自己負責。因為父親已過世，只剩母親一人獨力撐起家中的經

濟，我的家庭並不富裕，但也因此讓我變的非常獨立，因為我相信路是人走出來的，只要一個人肯努力，世界上沒有什麼事情是做不到的。我一直心存感激，感謝上天給了我一個樂觀的心，讓我對所有事物總是能抱持著正面的態度，這或許是為什麼即使父親已過世、即使家境清寒，我還是非常積極的迎向人生。

> 商業公函的格式是祝商祺，然後簽名，在簽名之後寫上自己的姓名

> 注：這封信的格式不對，有一點像散文不像公函，老闆不可能有時間看你文縐縐地說那麼一大堆。求職信基本上就是要告訴老闆，自己對所應徵的工作的興趣，自己具備哪些能力、經驗及願力，成為公司得力的員工。所以應言簡意賅。這封信必須重寫並參考本書提供的範本。

應屆畢業生求職信二：

> 這裡寫上日期

姓名：○○○
手機／電話
電郵

> 寫上申請XX職位

敬啟者：

您好，我是○○○，現就讀于北京大學金融法律碩士研究生三年級，預計於2014年7月畢業。於2012年我獲得北京大學港澳臺獎學金。我對貴所法律部門的招聘職位充滿期待。同時，我也網上搜索了有關貴公司的資訊，對貴公司的文化和價值觀都很認可。我是一個有激情的人，一定會全力以赴把工作做好。

2009年我於（臺灣）中國文化大學獲得法律學士學位，我僅用了三年時間完成本科學業。本科期間獲得法學院最佳服務獎，學院排名為第17名。本科時期我擔任五學期的班長及擔任法學院學生會副會長及連續兩年的法學院學生會顧問。在本科時間我參與各項活動，如擔任歌唱比賽主持人及舉辦多次法律講座及球類比賽。並在畢業那年組織團隊舉辦法學院聯合謝師宴及畢業期刊。因此我深信我在校的實踐能應對將來所面的行政或組織的問題。我相信以我的能力及經驗能成為貴所招聘職位的最佳人選。

在進入北京大學就讀之前，於2009年至2010年間於（臺灣）關稅總局擔任翻譯人員一職，完成多項翻譯檔，並參與接待外國海關人員之參訪。在服役結束後，一周內拿到（臺灣）冠綸國際法律事務所法務專員一職，並順利完成多項律師交辦事項，撰寫法院書狀，如陳報狀、委任狀、聲請提存狀、強制執行聲請狀及存證信函並且協助當事人申請在大陸及其他國家之商標申請及申覆等。並成功協助律師向外國商標代理人要求減少代理費用，由原2600美元減到只剩1800美元。在工作幾個月後，受到本所律師們的鼓勵，申請北京大學研究生學位，並順利獲得錄取。

除了法律專長外，我擅長法文、英文、粵語及閩南語。獲得托業585的分成績及法文檢定315的成績。同時，我也是一個獨立且能夠體貼他人的人。自小因家中經商父母較為

忙碌，故除了自然養成的獨立性格外，也因每天須代替母親照顧年幼的妹妹，而使我比一般人更擁有體貼細膩、思考周全的特質。認真生活並做好每一件事該做的事，是我對自己的基本要求；能夠在法律界有所成就，有機會為當事人的權益而努力，是我對自己的期許。而這樣的要求及期許讓我在人生中無論是遭遇難題或困境時，都能以學習的心態去面對，並將每一個情緒轉化成進步的動力。

我真誠地希望加盟貴單位，我定會以飽滿的熱情和周全的思維勤奮工作，與同事精誠合作，為貴單位的發展盡自己的綿薄之力。隨信附上我的履歷，我相信在面試中您會更加全面的瞭解我，謝謝！

　　祝　商祺

〇〇〇　謹上

> 注：這封求職信寫得很好。我們可以清楚地看到此人對申請的工作及公司的認可，與個人的專業條件和經驗，以及個人的素質。

4.面試

我們把這個題目分成三部分來談。一是面試前的準備，二是面試中該做什麼，三是面試以後的跟進。

面試前的準備

有機會面試就是一大喜訊，一定要充分地準備。我建議你再做兩個Stella's習題：「我的一天」及「SWOT」，然後把這兩個表格與個人資料表格、公司資料表格列印出來，因為去面試的時候公司可能有一些表格讓你填，有了這些表格你可以參考就不會手忙腳亂了。

我的一天

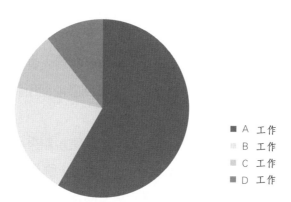

■ A 工作
■ B 工作
■ C 工作
■ D 工作

　　為了更流利地描述自己的工作的內容，讓面試官能在短時間內，對你的工作有較全面和具體的瞭解。那麼，我建議你在面試前最好是參考本書中 P.053《諮詢員的一天》中提供的圓形圖，把你工作內容以百分點的形式，填入表中，再以口頭描述的方法，向面試官言簡意賅地解釋清楚。

SWOT表

在企業在做計畫的時候，經常會用SWOT來分析，我們做職業規劃也可以用這個方法。

在填這個表之前，先拿出之前所填好的個人資料表、公司資料表，自己有興趣的工作的勝任力表作為參考，並且回顧前面所講的6個R和2個V，以及本章所談的大趨勢。

填寫這個表格可以根據自己理想的職業規劃來填寫。例如，你要當一個諮詢師，而你的分析能力（Reasoning）欠佳，那你除了在缺點上填寫分析能力欠缺之外，你也可以在挑戰一欄上填寫同樣的內容。

	優勢（Strength）	弱點（Weakness）
個人因素分析		
	機會（Opportunity）	挑戰（Threats）
外部環境因素分析		

面試前的冥想

我建議你在面試的前一天，再看一次申請工作的資料、職業描述和自己的履歷，在腦中彩排一遍。把眼睛閉上，然後冥想你在面試時告訴面試官自己的學歷、工作經驗、強項、特長、技能、組織能力與個人特質。

我建議你在這之前先冥想自己面試當天的一切──包括你的穿著、想像你在公車上，到了公司跟保全，跟櫃檯小姐友善的溝通。在面試時與面試官談得很投緣與你應答如流的情景，最後你與面試官親切地握手告別。這一個準備工作是非常必要的，我從事獵頭多年，凡是聽我的話做好這個準備工作的候選人，大都順利地透過面試而被錄用。

為什麼呢？誠如前面所說的，在我們生命中所發生的每件事情都出現最少兩次，所以我們可以在腦裡畫下成功的圖像，讓自己在成功的路上先走一遍，然後到正式面試的時候，一切都如你所預見的發生了，那你還會怯場嗎？還會覺得準備不足嗎？

 面試前與幾個人溝通和互動

找到公司連絡人，向他們請教：

去面試前，我們應該想方設法找到你要去面試公司的員工，與他們溝通，問他們以下的問題：

- ✓ 你是如何進入這家公司的？
- ✓ 公司的文化是什麼？
- ✓ 公司員工最喜歡什麼？最不喜歡什麼？
- ✓ 公司給員工什麼樣的福利和培訓？
- ✓ 你對我申請的工作瞭解嗎？請細說。
- ✓ 我申請工作的部門架構是怎麼樣的？主管有哪些特質（例如個性、工

作方式等）？

✓ 我申請工作的部門最值得驕傲的是什麼？最感到棘手的是什麼？

✓ 你建議我應該注意哪些問題？

模擬面試

你在面試之前也需要做類似的練習，你的好友能幫助你扮演面試官。

有些人在面試的時候，表現得太過自信和傲慢，這是要不得的。更要不得的是那些在面試的過程中，不斷地貶低自己，表現出缺乏信心，說話聲音特別小，猶豫不定，身體僵硬，如臨大敵，這樣怎麼能夠成功通過面試呢？我們可以請一個朋友當面試官，然後認真對待這個練習，請朋友給你指正。

如果你更認真，你可以用手機把整個練習錄下來，你就會發現自己有什麼不足之處。例如說，你不停地用「嗯」、「呃」、「啊」這個字開頭，你皺眉頭，眨眼，身體太過僵硬，或者在哪些方面語無倫次。

如果你真的想要得到一份工作，你為什麼不在事前多花一點時間做好準備呢？

面試的標準問題

關於面試的標準問題，可以在不少的參考書和網站看到，我們公司的網站http：//www.evolveintl.cn也有標準問題。

一般問題可以分成以下幾大類：

➢ **個人資料**

✓ 教育背景

✓ 工作經驗

✓ 是否願意到外地工作？

✓ 目前薪酬狀況與期望值

✓ 目前工作的職位

✓ 上個工作的離職原因

➢ **對公司的瞭解**

✓ 為什麼你對我們公司感興趣？

✓ 你為什麼要在這個行業工作

✓ 對整個行業的趨勢有什麼看法？

✓ 你為什麼要面試這份工作？

✓ 你對我們公司瞭解嗎？

✓ 你對我們的客戶與競爭對手有瞭解嗎？

✓ 你不覺得你來本公司是大才小用嗎？

✓ 假如我們的競爭對手也想錄用你，你會加入他們公司嗎？（分析你對
　兩家公司的瞭解，並且可以反問面試官你的看法是否正確）

✓ 你為何選擇之前的工作？除了我們公司之外，你還選擇了哪些公司？

➢ **對自己的瞭解**

✓ 你的職業目標是什麼？

✓ 你的內在驅動力是什麼？求職動機？

✓ 你想在新的工作實現什麼？

✓ 你期望在五年後可以做到什麼？

✓ 你在現在這家公司做了多久？（面試者當然可以從你的履歷中得知，
　但是這是熱門問題，如果你經常性換工作，你得事先準備好理由很好
　地說明自己為什麼在一家公司待不上三年）

✓ 你可以做什麼？

✓ 你的個性？你會如何形容自己？

✓ 你和其他人相比有什麼特別之處？

✓ 別人如何評價你？你的同事和老闆會怎麼形容你？

✓ 我們為什麼要錄用你？

✓ 我怎麼知道你可以成功？

✓ 最值得驕傲的工作經歷及有哪些突出的成績？

✓ 收穫最大的工作經歷？

✓ 你的技能、強項、成果、愛好？（準備好證據和案例）

✓ 你的強項與你成功的要素？

✓ 你有哪些弱點？（這個問題可以看出你是否有反思及敢於承認錯誤）

✓ 我們也正在考慮其他兩位後選人，為什麼要選你？（不要試圖與別人比較，把你的電梯簡報用一分鐘說清楚。要表示你對該公司有極大的熱情）

✓ 你最崇拜什麼？最討厭什麼？為什麼？

✓ 你是否願意經常加班？

✓ 你休閒時做什麼

✓ 錢與個人成長，哪個比較重要？

✓ 講一個對你影響很大的事？你做了什麼改變？

➤ **解決問題的能力**

✓ 如果時間有限，你必須完成許多事，你一般會怎麼做？

✓ 講一個你與上司衝突的事（一定有，沒有才怪。講述但不要洩露公司機密，講述事情最後是如何解決的）

✓ 當你有壓力的時候，你會從哪裡得到更多的動力？

✓ 你是否可以處在長期的壓力之下工作？你怎樣面對危機？請舉一些例

子。

- ✓ 什麼樣的決定對你來說是有難度的？
- ✓ 你如果不具備相關的專業知識和技能，你會怎麼做？你在做決定之前會和別人商量嗎？
- ✓ 在過去的工作經驗中，你犯過什麼錯誤，它對你有什麼影響，你學會了什麼？
- ✓ 你比較傾向分析還是直覺來解決問題？請舉例。
- ✓ 你認為公司因為經濟不景氣而裁員是否正確？假如你是經理，你願意去面對被辭退的人告訴他們公司的決定嗎？你會怎麼說？
- ✓ 在過去的兩年裡，你所遇到的最大挑戰是什麼？你是如何處理的？
- ✓ 近一年裡學了什麼？
- ✓ 用什麼方法掌握行業資訊？
- ✓ 你如何克服困難及解決困難，請舉例
- ✓ 你有給公司什麼創意性的建議，取得了那些成就？
- ✓ 你的勝任力是什麼？
- ✓ 你認為在知識技能和能力上需要哪些提升？

> **有關EQ問題**

- ✓ 你的老闆怎樣評價你？
- ✓ 你的朋友怎樣評價你？
- ✓ 你自己如何評價自己？
- ✓ 當你被人誤解的時候你會如何扭轉局面？
- ✓ 當工作有壓力的時候，你如何確保自己情緒不失控？
- ✓ 別人對你的第一印象是什麼？
- ✓ 你與同事在工作之餘有參加公司的社交活動嗎？為什麼？

✓ 你在與人溝通的時候，最大的困難是什麼？

✓ 你曾經帶領過團隊嗎？你在團隊中扮演什麼樣的角色？舉一個你在團隊中所遇到的問題並說明你是如何解決的。

✓ 舉一個例子說明你是一個具有說服力的人。

✓ 你怎樣待人接物？

✓ 如何處理與同事之間的糾紛？

✓ 當你與人相處時遇到棘手的事是怎麼解決的？

✓ 你最不開心的事？你最開心的事？

✓ 你是怎樣看待權威的？你和老闆的關係怎麼樣？為什麼？

✓ 講一下你最值得驕傲的事，可以與工作無關。

➤ **其他**

✓ 如果你可以重新開始，你還會選擇這個行業嗎？為什麼？

✓ 告訴我履歷裡沒有提到的部分？

✓ 你有哪些創意是高過你的老闆或者同事的？請舉例。

✓ 你怎樣掌控時間？你可以用哪些例子說明你是一個自律的人？

你不需要懂得所有的答案，你也可以說出你需要某些說明才能夠完成你的工作，但是你要讓面試官認為你是一個有熱忱，會努力想辦法用功的人。

切忌緊張，多用一些積極的詞語，誠實可信，面帶笑容、點頭，要與面試官有目光接觸，適量得體的肢體語言，你可以透過複述面試官的問話來確認你已經理解了他的問題。

➤ **在面試結束前，你可以問面試官以下的問題**

在面試結束之前，面試官一般都會重申公司的要求與現狀，你要注意聆聽，在適當的時候點頭，表示你聽到了，聽懂了，不要木訥的坐在那裡，面

試官就不會有興趣跟你多說了。最後面試官會問你有什麼問題，你要準備好。你可以問：

- ✓ 公司會給新員工哪些培訓？
- ✓ 為什麼有此空缺，我的前任有什麼值得我學習及哪些是前車之鑒？
- ✓ 我對貴公司的企業文化有興趣，但並不十分瞭解，可否請您解釋貴公司企業文化中的○○內容？
- ✓ 我在網路上看到貴公司的企業文化非常注重創意，如果我能進入貴公司將可獲得怎麼樣的培養或發展機會？
- ✓ 根據我的技能和經驗，您會考慮讓我在這裡工作嗎？
- ✓ 我什麼時候能得到您的答覆？
- ✓ 如果您沒有給我回覆，或者錯過這一次的應徵機會，將來貴公司有類似的職業空缺是否我還有機會？又或者您會聯繫我再次應徵？
- ✓ 如果我落選，是否可以請教您該如何改進？
- ✓ 公司會給予什麼樣的培訓？
- ✓ 公司如何要求新員工展現自主性？

面試要準備好你的電梯簡報

在面試的時候，有些面試官劈頭就問，你介紹一下自己吧，那就是要你講電梯簡報（Elevator Speech），你不可能滔滔不絕地說上一小時，別人是不會聽的。像這樣的問題，面試官只想從你的電梯簡報中找到切入點，以便更仔細地發問。

電梯簡報一般都不超過一分鐘，電梯簡報的意思就是當你和老闆同坐一架電梯上樓，在這短短的一分鐘，你有一個難能可貴的機會，你要能夠在那一分鐘把自己推銷出去，把自己的想法說清楚，那是需要想過、需要彩排和訓練的。我們先說怎麼做面試的電梯簡報，然後還會介紹其他的電梯簡報。

電梯簡報應該是簡潔的，要言簡意賅的強調自己能夠給公司帶來什麼，做好恰當的自我宣傳。在談到貢獻的時候，強調學到了什麼對組織有意義的事情，自信且謙虛的宣傳自己的能力與成就。電梯簡報是要給人一種印象說你是合格的，你是可信賴的，你願意付出，你有信心做好某件事。你在做電梯簡報的過程中要給別人一個感覺，你是腳踏實地的，你是有創意的，你是有願景的。

你在說電梯簡報的時候要好像一點也不費勁，其實你要彩排多次，才能達到這個效果，你要表現出熱情，讓別人看到你的友善和熱情。

我們知道會議的決定一般都不是在會議桌上解決的，更多的時候是在電梯裡、走廊上做遊說工作，所以要懂得用最短的時間做彙報，並說出自己對某件事的看法。

我們也可以準備好不同的電梯簡報，用在不同的情況：

1.你正在解決的難題：在電梯簡報裡，你先要定義你所遇到的難題，你在這個團隊扮演什麼角色（團隊領導還是成員）；目前遇到什麼情況（問題、損失、挑戰與機會、目標）；透過個人和集體的努力，你們將會採取什麼樣的措施，怎麼樣找到可以幫忙解決問題的人，要取得什麼樣的成果。

2.你給老闆回饋：先表明你知道老闆對某件事情，某個問題特別關心。然後告訴老闆你及你的團隊做了什麼，需要什麼說明，你會做哪些工作，你預期會得到哪些成果。

3.對老闆和上司表達你的感恩：對老闆的感恩，不是阿諛諂媚，拍馬屁，老闆也是人，當他們知道自己做了鼓勵員工積極向上，或者讓員工開心的事，他們也會高興。

除了要有感恩的心，我們把感激之情說到位也需要事先準備，你可以告訴老闆他做了什麼，你學到了什麼，得到了什麼，對你有哪些影響，你因為他的某個行動改變了以前的做法或者把事做得更好。

準備好案例

在提到你的特長、貢獻和強項時，一定要準備好具體的例子來證明你說的是事實。有些人說我的興趣是看書，面試官為了要驗證這一點一定會問你，看了什麼書，什麼時候看的，一周看多少本書，如果你答不上來，那就等於說假話了。在渣打銀行，我經常會問候選人，你說你是一個好的團隊隊員，請你舉一些例子（Examples）說明，或者要求候選人給我證據（Evidence）說明這一點。所以你在面試的時候，每一個你用來形容自己的形容詞，你都必須要有實際的事例作為佐證。

面試的衣著裝扮

我很詫異有些來面試的候選人穿著很不得體。例如說，有些人在夏天穿了連褲短裙，有些穿了時下流行有破洞的牛仔褲，有些好像沒有梳洗乾淨就來了，整個形象是那麼的散漫。假如來面試都穿成這樣，當正式上班的時候，衣著還會怎麼樣呢？也有些人不注重個人衛生，面對面坐下就能聞到口臭或者汗酸味，那是非常要不得的。以上提的有些瑣碎，但是我在中國的八年來，經常遇到這種連去面試都不修邊幅的人，真是太糟糕了！

除了衣著、外形和衛生之外，走路的樣子，坐的姿勢，都要嚴謹。有些候選人坐著看起來很懶散，整個人向後傾斜，這種坐姿給人一個感覺他是面試官，或者他是個大老闆，當然，更像一個大懶蟲。

握手也是一門學問。我建議你握手的時候要確保手心對手心的握，適度用力，當然是用右手。很多人用指尖抓住你的指尖，輕輕地捏一下就放開，給人的感覺非常不好，你到底是在算計著什麼？你怎麼這麼不喜歡和我握手啊？也有些用兩隻手跟你握，差點把你的手都甩斷，這也太熱情了吧？

最重要的其實是當你在和別人握手的時候，眼睛一定要看著對方，眼神要交換，不要心不在焉，這是最基本的尊重和禮貌。當面試官把名片交給你

的時候，拜託你仔細地看一下，這表示你對面試官的尊重，請你記住他的姓及公司職位，在面試的過程中，能夠直呼面試官的大姓，不忘記他是哪個部門的老總，在面試中都可以加分，千萬不要太隨意。

在面試的過程中，也要注意不要東張西望，不要抖腳，皺眉頭或張大嘴巴聽人說話，要注意不要在短短的面試中自曝缺點，要揚長避短。因為我在穿著方面沒有太大的研究，我就請我的好友王雲女士跟大家談談面試的衣著和禮儀。

Note

國際註冊形象顧問與 培訓師 王雲 （Sunny Wang, AICIFLC）

王雲女士是國際註冊形象顧問、培訓師和作家，著作有《職場必勝搭配全書》、《形象決定一切》、《這樣穿才能成為銷售冠軍》等等。她是北京服裝學院商學院客座教授及時裝設計師、奧運禮儀之星全國選手形象禮儀培訓師。

Stella ▶ 夏天很熱，面試的時候需不需要穿正式服裝呢？

王 雲 ▶ 夏天很熱的時候參加面試，通常可以穿具有正式元素的款式。例如，具有西裝樣式的短袖套裝（裙子或褲子）；著裝也要看職業要求，如果是IT技術人員，男士穿有領子的襯衫要比穿T恤正式。若到一些對著裝有明顯正式要求的機構面試，可以選擇穿質料略微輕薄的正式服裝。

Stella ▶ 冬天一般會穿大衣出門，面試的時候脫掉大衣會很冷，應該怎麼辦？

王 雲 ▶ 面試時應該脫掉大衣。如果為了既保暖又正式，男士可以在襯衫裡穿保暖衣，女士也可以在選擇輕薄但含羊絨成分的內搭或發熱衣。

Stella ▶ 面試的時候需不需要化妝？如果需要的話，應該怎麼畫？

王 雲 ▶ 女性面試時需要化淡妝，粉底讓氣色好，眼妝可以讓你更有精神，眼線、眼影和睫毛膏都有強調眼睛的作用，視個人情況增減。如果戴眼鏡，則睫毛膏不宜再拉長。眉毛強調眉峰，可顯得幹練；腮紅、唇膏要自然。

Stella ▶ 面試的時候需要佩戴耳環或者項鍊嗎？

王 雲 ▶ 面試時，飾品要少而精，可以強調一個重點。如果同時佩戴耳環和項

鍊，則要注意材質和色彩的和諧搭配，忌佩戴過於誇張搖曳的耳環。

Stella 請談論一下握手的禮儀。

王 雲 一般來說，如果是入場之後面試考官坐著沒有起身的話，就不必與之握手。通常，當主試是男性，求職者是女生時，可以主動向其伸手。

除此之外，不應該採取主動，尤其是求職者是男生，主試官是女性、位尊者、年長者的時候，可等待其先伸手再握手。握手時，一定要注意與對方目光相視微笑，掌心接觸，用力適度，以表真誠。

Stella 面試時的髮型有何要求？

王 雲 面試髮型力求整齊俐落。例如女性可以短髮、盤髮。無論男女，瀏海都不要蓋過眉毛，如果不是應徵時尚前衛的行業職位，不要留過於誇張色彩的染髮。金融、法律以及服務行業，更要注意髮型的整齊有度，避免怪異、誇張和凌亂的髮型。

 ## 面試中——讓別人記住你的名字

有些面試的方式比較特別，尤其是面試應屆畢業生，一般都是至少五個人在同一個時間面試，而且十五分鐘後，第二批的候選人就要進來了。這時候你要做好充分的準備，那麼你要怎麼做才能夠在眾人的面前脫穎而出呢？你要如何讓面試官感到你很特別，但又能夠和其他的候選人打成一片呢？電梯簡報的充分準備就非常重要了。

採用聯想的方式，讓別人記住你的名字。例如你叫張瑞明，你就說，海爾有個張瑞敏，北大有個叫張瑞明。或者你說，我叫徐秀清，我一出世就長得很清秀，所以本來應該叫清秀，結果清風徐來，就把清秀變成了秀清，我是徐秀清，記得了嗎？

我們經常要做自我介紹，所以我們可以努力想一想要怎麼介紹自己，讓別人不會忘記。前面的第一個例子用的是名人效應，後面的例子比較牽強，別人可能一時記不住，當你說完你的名字來源之後，可以重複一遍你的名字，來加深印象。你需要用活潑的思維、諧音、生動的畫像來介紹自己。

 ## 面試要注意的細節

這裡要提醒一些小事、小動作，但是面試官可以從我們的細節做判斷，看出我們的素質，所以一定要注意細節。

a.不能遲到。

你別以為反正前面還有幾個候選人，遲到一點無所謂，守時可以表現一個人的處世態度。我在渣打銀行時的秘書把候選人的履歷交給我的時候，她總會嘀咕兩句：「這人很沒禮貌，跟這個人安排時間太麻煩了」；「這個人遲到了半天還不道歉」；「這是一個大好人，他儘量配合面試時間」等等。

你現在知道為什麼我說你在做面試冥想的時候要想像在公車上，到了公

司跟保全，跟櫃臺小姐打成一片了嗎？除了給自己一個好心情之外，最重要的是櫃臺人員不經意的幾句話都可以影響面試官對你的第一印象。

去面試一定要預計在半小時前到達，不要算得太準。因為一路上可能會塞車，出現什麼交通狀況，到了公司找不到面試的地方……這些都需要充裕的時間來應對。你到了公司，他們可能要你填寫申請表格，那是要花一些時間的，因為遲到了，時間不夠，把申請表格寫得龍飛鳳舞，把自己的「品牌」弄壞，要怪的當然還是自己。

b. 準備好文件

你進入面試的時候，要帶好你的檔案，不要在包包裡亂掏，那是很狼狽的。有不少候選人的履歷和證明文件皺得像鹹菜，你跟他接過來都擔心有細菌，這當然會扣分的呀！你的重要文件都不懂得用資料夾放好，申請工作的履歷也沒有準備好，還要怪面試官沒有事前列印，那你在一開始的時候就已經告訴別人你是一個亂糟糟、希望別人為你服務的人。

你應該為申請工作準備好一個資料夾，資料夾裡應該有以下的文件：
1.證件 2.畢業證書 3.履歷 4.求職信 5.本書提供的個人資料表 6. 本書提供的公司資料表 7.SWOT表 8.推薦信 9.所面試公司的徵才廣告。

c.帶上你的笑容

開始面試的一分鐘是非常關鍵的，你不知道面試官要問什麼問題。但是你可以做引領工作，謙恭有禮，笑臉迎人，你可以告訴面試官，你很感謝他們挪出寶貴的時間跟你面試，你可以就坐下來等待他們問話，但是笑容一定要有。

面試官會在開始的時候跟你建立關係。他會問你，你是怎麼來的，假如外面的天氣惡劣，他也會提到這一點，這一部分是比較輕鬆的，你也可以放

鬆一些，但是切忌不要花太多的時間回答以上的問題，有很好的笑容就足夠了。

d. 注意聆聽，好好回答問題

接下來面試官會想瞭解你的行為、你的應變能力、你如何解決難題甚至讓你假設一個情景看你如何應對。他們還會問你之前的工作經驗、成就、技能、特長，當然也有些面試官還會採取壓力面試的手段。但是你只要把上一段提到的資料夾中資料都複習一遍，你都應該不會被問倒。只要你有充分的準備，不管他怎麼問，你都可以回到你準備好的內容上說。面試的時候一定要準備好許多實際的例子來證明你的陳詞，但是最重要的是要努力傾聽，千萬不要答非所問。假如連聽話的本領都沒有，那別人怎麼可能錄用你呢？

一般面試都不會超過45分鐘，所以你要準備好你的電梯簡報。一個有受過訓練的面試官，會讓你在整個面試過程中70%的時間說話，其餘的30%是他的問題與公司介紹。所以要在這個時間上拿捏得很準，不要口若懸河，讓別人插不上話。對方問了一個問題，你是可以想一想才回答的，不必著急，一個問題的回答時間應該是兩分鐘左右。

e. 你的承諾

在面試的時候，要向老闆保證你是一個可靠、態度良好、熱情、積極性高、有良好的時間管理意識、靈活、善用資源、適應變化、喜歡學習的人，讓他們放心，並認可你是值得培養的。說這些話你可能以為是多餘的，但是對雇主來說，既然你敢說出口，就應該不會太差。其實，剛畢業的大學生還是一張白紙，所以老闆在整個面試的過程中關注的是你是否是一個EQ好、願意付出、肯努力、肯學習、有能力學習的人罷了。

f.不要貶低別人

有些候選人喜歡批評他們的前雇主。你不懂得感恩，你到處亂說前老闆的壞話，面試官又怎麼能夠放心你離開他們公司以後，不會做同樣的誹謗呢？還有些候選人要表示自己是多麼地了不起，是一個非常能幹的人，非常有辦法和有天分的人，所以他們在面試的時候，會說我的一切經驗、技能都是自己學會的，我的一切成就都是我一個人做到的。你想老闆會用怎麼樣的眼光來看你呢？——你給人的印象是你自大，你是個不懂感恩的人，你沒有和別人合作的意識，因為你太過自我，以為一切都是因你而生的。但更重要的是老闆會懷疑，你做的事是否真的像你說得一樣好。你都沒見過市面，是個井底之蛙，這樣的人可能有一些小聰明，但是絕不是科班出身的，沒有受過嚴謹的訓練，沒有見過更完善的系統，是個空瓶子，自吹自擂罷了。

艾科卡（Lee Iccoca）是拯救克萊斯勒汽車公司（Chrysler）著名的CEO。他在自傳裡曾經提到，假如一個候選人自吹自擂，說什麼都是自己做的，那麼千萬不要錄用他，他的理由就如上面所說的幾點一樣。你就不要亂吹噓了，你可以說你很幸運，你的前老闆或主管教了你很多，他們無論在工作技能、知識和做人的道理都幫助你成長，你很感恩他們。你在以前的工作中都盡了你的本分，多方學習，得到老闆的讚許。同樣把自己的表現說出來，這麼說就不會讓人家反感，反而會覺得孺子可教也。

g.認真對待面試

不要質疑你的面試官，不要不懂裝懂，不要打斷你的面試官，不要問非所答。

面試可以有好幾輪，很多公司都會很謹慎地處理。他們寧缺毋濫，而且要所有面試官都批准才決定錄用。所以我們去面試絕對不可以掉以輕心。不

要以為你已經透過了用人單位主管的面試就穩操勝券。

我有兩個特別的案例，其中一位候選人是法務總監，他已經見了公司的總裁並且已經與人事部談妥薪酬。但是因為財務總監出差，與財務總監面試的時間反而是在與總裁面試之後。這位法務總監以為只是去跟財務總監打個招呼，結果財務總監的回覆是這個人太過囂張，不適合公司的企業文化，最後公司就沒有錄用他。

另外一個案例是，一個人事主管到一家外企去面試，一整天都在那家公司，等到去與廠長見面的時候，他已經精疲力竭，當廠長問他有關如何做薪酬計畫的細節問題時，他表現得非常沒有耐心。他心想，這麼專業的細節你都想知道啊，就隨便回答了兩句。即使全公司前五個面試官都同意錄用他，但他還是沒有被錄取，因為廠長堅決反對，原因是他覺得這個人不懂得尊重他人。

面試結束以後，最重要的是要感謝面試官，與他們再次的熱情握手，把整個面試畫上一個完美的句號。

認識其他候選人

我建議你在面試的時候養成一個習慣，就是和同去面試的看上去比較有競爭力的候選人互換聯絡方式，原因有二：

1.面試一般都會有幾輪，多認識幾個共同作戰的朋友，可以互相交換資訊，這次沒有問你這個問題，下一輪面試肯定會問你。你們可以互相打聽消息，互相幫忙。

2.多認識幾個朋友沒有什麼壞處，即使這次面試不成功，那個被選中的人肯定是與你有同樣志向的，他可能是你今後的同事或者同性質公司的員工，在今後的日子裡，你們可以繼續交朋友，互相切磋，一同成長。

📖 評價中心

有些大公司會用評價中心（Assessment Center）來測試測你的語文能力、計算能力、空間想像能力、推理能力。評價中心的方法主要是用在招募應屆畢業生和企業儲備人才上的，它是一個綜合的測評系統，透過對目標職位的工作分析，列出該職位的勝任力（Competencies），然後根據這些勝任力設計一些模擬情景，例如主持會議、處理公文、商務談判等，候選人要根據情景處理和解決相應的問題。

我在新加坡渣打銀行負責創建評價中心的內容，當時，整個評價內容運用在整個渣打銀行亞太區。我們用評價中心來做應屆畢業生招募和識別高管人才。我們會清楚的列出對勝任力的要求，然後給面試官做培訓，讓他們知道每一個勝任力的意義，和應該關注哪些方面。整個評價中心分成面試、心理測試、情景模擬、能力測試（對數位推理的能力、語言的能力等）。

比較經典的情景模擬測試包括檔筐測驗（In-basket Exercise）、無領導小組討論（Leaderless Discussion）、管理遊戲、角色扮演等。

檔筐測驗

檔筐測驗就是讓應徵者處理檔案，一般來說這些檔案都是高管經理們每天所要處理的，這包括了市場訊息，財務報告、客戶關係檔等。應徵者如何處理這些檔案、把行為的理由、問卷和公文寫好，這個評估的主要目的就是要看應徵者計畫、組織、授權、決策及語文等能力。

無領導小組討論

顧名思義，無領導小組討論就是沒有指定一個領導，每個小組大約於6至8人圍成一個圓圈，四個評審員分別坐在房間的四個角落，應徵者將針對某個問題自由討論，在討論中評審團觀察應徵者的言語及非言語的行為，分

別評判每一個參與者的語言表達能力、組織協調能力、決策能力、應變能力等等。

在無領導小組討論中，經常出現候選人不發言或者是搶著不給別人發言機會的情況。還有，你不聽別人說什麼，只管說自己的，這些人當然要扣分了。其實這些測試沒有對和錯的答案，我們也無從知道每家公司對每個勝任力的定義，評審團所關注的是你的分析能力，你的說服力和你如何與人相處。我們唯一可以做的，就是平時把自己的能力提高，增強一般常識，有足夠的信心，主動積極地參與討論和把各個測試做好。

範本 「無領導小組評價表」

每個評委會針對公司所設定的考察關鍵點觀察面試者，他們會給每個考察重點打分數，例如特優、優、一般，或者不及格，而且評委也需要提供實例與證據來說明他們給出評分的原因。

這裡是一個範本，供讀者參考：

考察關鍵點	詳解	評委觀察要點
分析能力	對專案整體及問題是否有系統的分析、比較及制定行動計畫。	面試者是否能收集相關資訊，假設、聯想及判斷。
人際與溝通能力	聽、說及影響別人的能力。	面試者是否關注其他人的想法，精確地表達自己的觀點及說服別人。
團隊合作	「大局意識」	面試者是否能關注團隊整體目標的實現，而非僅僅個人目標的展示，是否讓別人有發表意見的機會。
成就動機	是否以高標準要求自己爭取活動成功。	面試者是否自信、高度關注目標任務的達成，在遇到僵局時，是否能夠挺身而出。
創新能力	優化創意點子的能力。	是否願意接受新的和別人的想法。

📖 面試評價表

面試官一般會用類似以下的表格記錄他對你的印象：

姓名：　　　　職位：　　　　日期：　　　　面試官：

工作意向和期望	
人格特質	
形象特質	
優勢	
劣勢	
離職原因	
與本公司企業文化匹配	
其他	
適合職位與等級	
綜合意見	
整體評價	錄用（　　　）　　可以考慮（　　　）　　不錄用（　　　）

📖 面試後──感謝信

面試過後，一定要記住給面試官寫感謝信，如果面試官沒有給你名片，你在離開公司之前，要記住跟櫃檯要面試官的e-mail地址。

回去寫感謝信，有幾個重要的意義：第一，是表示你面試之後，對該公司與工作非常有興趣，希望公司給你機會；第二，你可以藉這個機會簡單的重述自己的特長，尤其是在面試的時候因為緊張，漏說了一些什麼，可以在感謝信補充；第三，當然是加強面試官對你的好感，讓他記住你，讓他知道你很想加入該公司。即使你沒有被錄取，因為這封感謝信，你可能會被列入候補之列。

 ## 5.薪酬談判

薪酬談判通常都是在第二輪面試之後，但是我們應該是事先做好準備。薪酬的構成有底薪、津貼、傭金、獎金、福利、年終發紅、績效工資等等，這裡不花篇幅去說。

我所提供的「個人資料表格」裡要求你把現在的薪酬狀況和結構寫清楚，也請你提前想好自己對薪酬的要求，因為你去面試的時候公司可能會給你一個表格，要你把薪酬基本資訊填上。如果你已經準備好了，就不會漏掉重要的訊息。

我有一個候選人，他是外籍人士，公司每年會給他全家報銷兩次往返新加坡的機票，他在填寫公司的表格時沒有填清楚。人事部跟他談妥薪酬以後，依照慣例只給他全家往返新加坡一次的福利，候選人因為少了這個福利，覺得他換工作薪酬待遇增加的幅度減少了，就不高興。他請人事經理幫忙去跟總經理申請給他全家兩次往返的機票，人事經理非常不願意，候選人最終還是接受了原定的薪酬和福利。但是每次見到我，都要大吐苦水，我也無能為力呀。

所以雖然在第一輪的面試中，可能不會涉及薪酬談判，但事前做好準備還是非常有必要的。

想被錄用，你就必須清楚知道，老闆請你來是解決問題的，你能解決多大的問題，就決定你能夠做多高的職位，能拿多少的薪酬。有些人獅子大開口，希望換一份工作就要30%以上的加薪，除非公司有特殊情況要錄用你，否則他們是不可能給新人這麼高的薪酬調整的。公司有薪酬架構，他們要考慮現有的員工薪酬，他們會看專業的薪酬報告中的均衡指標（Compa Ratio），除非你在新的工作中要擔任更高的職位，要負責更大的責任。不

然，換工作加薪一般都在6%到15%左右。

如果你將在一到兩個月內會在原公司獲得加薪或升級，那你務必要把這個事可以告訴新雇主，你預計你有幾個百分點的加薪，請他們在錄用的時候把這個數目考慮進去。尤其是在十月以後，要去新公司就職，你也要讓新雇主知道你將會在明年一月會加薪多少個百分點，在年底預計會有幾個百分點的年終獎，在春節會有幾個月的提成或者分紅。這些數目都要提前說好才不會在薪酬談判中出現爭議。

再者，底薪不是全部，你換工作，新雇主可能會說你在試用期間只能夠得到薪酬的80%，或者你的薪酬主要組成部分是傭金，那你一定要瞭解該公司一般員工是否可以完成績效考核（KPI=Key Performance Indicators），一般員工所得到的傭金是什麼。

我們不要短視，不要只看眼前，如果你到新公司，沒有上司指導，沒有培訓，要靠自己過去的經驗把工作做好，那你當然可以要求更高的薪酬。但是如果新公司給你培訓的機會，成長的機會，有一個很資深的經理帶你，你有更好的平臺，那你甚至可以考慮開始的時候拿少一點的底薪。你對自己想要什麼先有明確的想法，才可以很好地進入薪酬談判。

一般來說，我們不要在雙方不瞭解之前談薪酬。因為提前談薪酬，別人不知道你能夠給公司帶來什麼效益，那是沒有意義的。通常要等到面試官問你這個問題的時候，才談薪酬，不然會讓人感到很唐突。

公司的薪酬架構是有一個幅度的，你在提出你的薪酬要求的時候，可以講一個薪酬的範圍（Range）。在談判薪資之前可以透過向在職員工詢問，在網路上搜索資料。有不少人因為薪酬沒有談攏而失去機會，那是很可惜的。

6.推薦人與背景調查報告

公司在錄用員工之前通常會做背景調查。他們會問你，推薦人的聯絡方式及他們和你的關係，公司會向一個你以前的同事和一個前老闆詢問以下的問題。

範本 「調查報告」

人事部負責人姓名：   時間：

第一部分：候選人基本資料

候選人姓名	
職位	
現任職於	
現在職位	
任職時間	
目前薪酬	

第二部分：推薦人

推薦人姓名	
職位	
聯絡方式	
與候選人的關係	

第三部分：推薦報告

1、你與這位候選人認識有多少年？他什麼時候與你共事？

2、你會考慮給他加薪和升級嗎？為什麼？

3、他為什麼離開貴公司？
4、請對這位候選人的工作品質和工作效率做出評價？
5、這位候選人的最突出的強項是什麼？
6、如果他願意回來貴公司，你願意重新雇用他嗎？為什麼？
7、你對他的人品有沒有什麼顧慮？
8、據你所知，他有沒有違規犯紀的行為？
9、（只適用於銷售人員）他的銷售成績如何？
10、有關領導力（只適用於經理級人員）
A、他帶領的團隊有多少人？
B、請評述他的領導風格？
C、他領導的強項和弱項
D、你對他的職業發展有什麼特別的建議？
11、其他
12、你願意為這位候選人寫推薦信嗎？

　　我們一定要在面試之前請推薦人給我們寫推薦信，那是最強有力的佐證。那麼推薦人應該替我們寫什麼呢？你可以幫推薦人寫好了讓他們簽名，當然最好有他們公司的抬頭和蓋章。

　　是的，我沒說錯，你替推薦人寫你自己的推薦信。國外有個這樣的說

法：「Power of the first draft」，這句話的意思是起草的人決定信的內容和好壞。一般推薦人、主管或教授都會很忙，你請他們給你寫推薦信，他們可能騰不出時間來，也一時想不出該寫什麼。所以，會耽誤很多時間而且可能寫得不到位。然而你自己起草自己的推薦信就能方便推薦人，格式內容都有了，他們只要稍加更改就行了，與人方便，自己也方便。

有些人可能認為等到被通知考慮錄用以後再找推薦人寫信吧！那你要注意，如果你的教授或者推薦人外派到別處去，要找他們就很困難了。或者是因為學生太多、員工太多，即使你過去和他相處得很好，但是事過境遷，他們可能把你的功勞淡忘了。所以，一定要採取主動，爭取你前老闆，你的教授或者你的同事，事前給你寫好推薦信。

除此之外，在每一次工作表現特優，老闆給你寫封鼓勵和致謝的信的時候，一定要馬上把它列印下來放在申請工作的資料夾裡。你一定要把推薦信放在資料夾裡，隨時給面試官看。我建議你在申請工作時，把推薦信連同履歷和求職信一起附上，這有助於面試加深對你的瞭解，增加你面試的機會。

那麼找什麼樣的推薦人呢？這點要非常注意。我做人事主管和獵頭多次遇到推薦人反而說候選人的壞話，造成很大的影響。所以，你必須要清楚你的推薦人是一定會推薦你的。你去面試的時候，其實也應該跟推薦人打個招呼，讓他們知道你正在面試某個工作，感謝他們之前給你的幫助，然後請他們記得當企業給他們打電話的時候，給你美言幾句。

以下提供範本，供大家參考。

範本一「前雇主提供的推薦信」

○○○先生

○○○公司人事部經理

公司地址○○○

郵編○○○

日期（也可以在署名之後）

尊敬的先生或女士：

推薦○○○（身份證號○○○）

　　您好！我是○○○，○○○公司的總經理。我公司優秀員工○○○因私人原因，需要轉換人生軌道，我雖是不捨，但支持他的決定。在我的觀察中○○○是一個上進、負責任的員工，希望他轉換工作後擁有更輝煌的未來。因此，我很榮幸向未來的用人單位強烈推薦這位優秀青年。

　　○○○曾在○○○○年進入我公司實習，儘管當時他的業務並不是很熟悉，工作經驗也相對不足。但其表現出勤奮、誠懇、謙卑、好學等特質，令我印象深刻。○○○閒暇之餘，他也大量閱讀有關業務的參考書籍，並虛心向其他員工請教；遇到難題，他總能虛心與同事交流討論直到找出解決方案為止；他的進步速度驚人，不出數月已能夠獨立完成指定的任務。鑒於他在實習期的突出表現，我公司破例將他轉正，讓他成為我們團隊的一員（通常我公司不予考慮應屆畢業生）。

　　作為我公司的一名業務精英，○○○在我公司工作了○年，他一貫保持認真負責、謙卑努力、精益求精、樂於奉獻等優秀的品質。他的業務技術精湛，且能夠帶領團隊展開工作，如期完成了我公司○○○重要專案，為公司帶來了巨大的經濟效益。不僅如此○○○並沒有因此而停滯不前，他主動承擔責任，並帶領一組團隊攻堅，為公司的業務運作提供了強而有力的技術後援。他為所有同事樹立了好榜樣，為此，公司頒予他優秀員工獎，以資鼓勵。

　　優秀員工的離職，固然是公司的損失。但是考慮到他的前途，我依然毫不猶豫地支持他的選擇。真誠期望貴單位能同樣支援他，讓他實現自我價值。謹致謝意。

總經理：○○○

（簽名＋蓋章）

20○○年○月○日

範本二「實習單位提供的推薦信」

○○○先生
○○○公司人事部經理
公司地址○○○
郵址○○○
日期（也可以在署名之後）
尊敬的先生或女士：

推薦○○○（身份證號○○○）

您好！我是○○○，○○○公司的總經理。我公司實習生○○○有意願申請貴公司的職位，我非常支持他的決定。在我的觀察中，○○○是一個上進、負責任的實習生，我希望他擁有輝煌的未來。因此，我很高興向未來的用人單位推薦這位優秀青年。

○○○在○○○○年○月進入我公司實習至○○○○年○月離開。儘管當時他的業務並不是很熟悉，工作經驗也相對不足。但他表現出勤奮、誠懇、謙卑、好學等特質，令我印象深刻。

○○○閒暇之餘，他也大量閱讀有關業務的參考書籍，並虛心向其他員工請教；遇到難題，他能主動解決，如與同事交流討論直到找出解決方案為止；他的進步速度驚人，不出一個月，他已能夠獨立完成指定的任務。

真誠期望貴單位能同樣支援他，讓他實現自我價值。謹致謝意。

總經理：○○○

（簽名＋蓋章）

20○○年○月○日

範本三「導師提供的推薦信」

○○○先生
○○○公司人事部經理
公司地址○○○
郵址○○○
日期（也可以在署名之後）
尊敬的先生或女士：

推薦○○○（身份證號○○○）

　　您好！我是○○○，○○○大學○系的教授/主任。我校應屆畢業生○○○有意願申請貴公司的職位。我非常支持他的決定。在我的觀察中，○○○是一個上進、負責任的學生。因此，我很樂意向未來的用人單位推薦這位優秀青年，希望他擁有輝煌的未來。

　　○○○曾在○○○○年進入我校○系學習○專業。該生表現出勤奮、誠懇、謙卑、好學等特質，令我印象深刻。○○○閒暇之餘，他也大量閱讀有關專業的參考書籍，並虛心向學科老師求教；遇到難題，他也會與同學交流討論直到找出解決方案為止；他的學習能力很強，他所研究的○○○報告榮獲了○○○獎，並被相關機構採納並投入生產。

　　在校期間，他一貫保持認真負責、謙卑努力、精益求精、樂於奉獻等優秀的品質。○○○同時還擔任班級○○，協助老師展開工作。課餘時間，他也是校內○組織的○○，他組織同學承辦過校內大型的○○活動；他還是○○○志願者組織的主要負責人，在他的帶領下該團體曾為○○○籌款賑災。鑒於他在志願者組織中的傑出表現，我校頒予他○○○獎。

　　○○○為所有同學樹立了好榜樣，他榮獲了200○○年優秀畢業生的光榮稱號和證書。該生為我校培養出的優秀畢業生，在此誠懇期望貴單位能給予他機會，讓他在貴公司工作，以實現自我價值。謹致謝意。

○大學○○系教授/主任

（簽名+蓋章）

20○○年○月○日

 7.如何順利通過試用期？

我們歷盡千辛萬苦終於被錄用，就要珍惜這份工作，感恩在這個求職路上給你幫助的每一個人。

一般大學生的試用期是三個月到六個月不等，既然你透過了面試，公司都會盡力幫你成功，但是他們也非常關注你是否真的能夠為公司創造價值、是否與公司的其他人員很好地合作、與公司有很好的匹配度？他們也關注你的潛質。在試用期間的心理壓力是非常大的，我簡單談一下如何通過試用期。

第一，提升你自己。我們必須要突破過去的思維和做法，我們一定要擁抱新的挑戰，最有效的方法是請教同事來幫助你瞭解工作的要求和給你建議。在工作上通常會遇到三種問題，技術上的、組織智慧的、企業文化的問題，你要儘快瞭解公司的企業文化和潛規則。公司在實現企業文化過程中的小故事，以及誰可以成為你的貴人，這些問題都是你要趕緊知道的，要很好地與團隊成員合作，養成接受別人忠告的好習慣。

我有一個座右銘，我絕對不允許我的員工在公司裡玩弄政治，但是他們必須要對公司的潛規則有瞭解，而且要精明，不要成為犧牲者（We shall not be political, but we must be politically savvy, as we do not want to be righteously dead）。

第二，要加速你的學習。你可以在工作的第一天就開始設立目標，在設立工作里程碑的過程中，瞭解你的工作的關鍵點。人事部在設定勝任力標準時，除了與部門經理討論之外，還會與每個職位中最具代表性員工進行溝通，綜合了大家的意見後再設定。

所以我建議你儘快瞭解在你的部門裡，誰是工作表現最好的？誰是最願意幫忙別人？然後經常與他們溝通，注意他們在工作中有哪些行為、知識、

習慣和技能讓他們與眾不同。多與人溝通，多傾聽。只要我們願意謙虛受教，別人就會願意幫助我們。

過去我在渣打銀行的時候，就選了150位的「護花使者」，他們是我從各分行各部門精挑細選出來的好員工，我給他們特別的培訓課程，增強他們對銀行各部門的工作流程的瞭解和普通常識。因為他們是來自不同職位的好員工，所以他們能夠發揮模範作用，而且他們都是比較樂於助人的，所以能給新員工賓至如歸的感覺。我給每個新員工安排來自同一個部門的護花使者，那你也可以主動在你的公司尋找你的護花使者。

第三，爭取在很短的時間內取得成績。我們的目標要專一，選擇最好的機會，全力以赴地去達成。我建議你去承諾先做一些你能勝任的工作，這樣可以讓自己嶄露頭角，一開始就有成功的案例能夠讓你很快就得到公司主管的信賴。

第四，主動請纓。也就是說你必須要求主管幫助你成功，讓他給你機會。你應該衷心為主管服務，感恩他，支援他，同時也讓他知道你迫切希望成功的心願，請他給予你幫助。你要與主管溝通，瞭解員工表現的基準是什麼？他們的業績如何？他們為什麼不能達標？主管想看到什麼樣的成績才滿意？還有，我們必須要知道在這家公司裡，哪些工作有很好的前景？哪些是改變的障礙？做哪些事可以發揮槓桿作用？你必須要儘快在那些技能和知識方面努力。在試用期，與主管建立親密關係是特別重要的一件事，因為他肯定是你的貴人，是你的導師！

最後，要在公司裡得到其他同事的認可和接受，不要為了急於表現而忽略其他人，這是很重要的。如果你是空降兵，那你要得到成功就是要儘快地融入團隊。我藉這個機會提醒各位，在21世紀，我們不但要雙贏，我們也要懂得共生的道理。只有當我們樂意幫助別人成功，自己才會成功。

 8.找不到理想的工作怎麼辦？

如果因為機緣未到，你沒有找到合適的工作，那你是否就自暴自棄，有藉口可以休息了呢？這肯定不是的。我們要隨遇而安，因為每一份工作都會給我們新的知識，讓我們成長。所以當有一份工作擺在面前而此時的我們沒有更好的選擇，那麼請先接受這份工作，因為這樣做你絕對不會吃虧。我要用一句話與你共勉，你永遠不會在學習以後懂得更少（You will never learn less）。什麼意思呢？只要你學習，只要你工作，你都會學到新的事物，你都會對自己有更深一層的瞭解，哪怕這個工作經驗和學習不理想，你起碼也知道以後對這些事或工作敬而遠之。所以，年輕人，別再找藉口了！

其實剛畢業的大學生找工作根本不難，因為他們年輕力壯，有很強的學習能力，而且薪酬不高，只要不太挑剔都能夠找到工作。我們公司的履歷資料庫有不少四十幾歲被裁員的高管，這些人才可憐，他們的孩子正要上大學，且父母老弱多病，特別需要一份工作養家，但因為不同的理由被裁退了。有句俗語，求學如逆水行舟，不進則退。我覺得求職的人也要記住，你工作的本領也是不進則退的。

我的朋友瑪麗是大學剛剛畢業的藥劑系學生，父母都以此為榮。但是瑪麗卻一直找不到這方面的工作。與此同時瑪麗發現自己的熱情在教育，她喜歡和孩子在一起，於是她就到小學去教書。她母親很想不通。她告訴我，為了培養瑪麗成為藥劑師，父母花了不少錢。她認為瑪麗肯定是一個好的藥劑師，但並不認為瑪麗會是一個優秀的教師。

我告訴瑪麗的母親，瑪麗肯定沒問題。首先，她對教書有熱情，所以一定可以做一個好老師。其次，瑪麗學藥劑的經驗是獨一無二的，她可以教會孩子一些普通的藥劑常識，那不是一般老師可以講授的。

　　人們都希望在一流的企業找到一流的工作。但是假如你沒有那麼幸運，就不要執意去追求，因為那是不實在的。根據調查，全世界的上班族，有70%以上的人都不滿意老闆給的薪酬，他們雖然知道老闆的生意不好，還是希望老闆付更多的薪酬，他們要的是保障。一旦找到更好的出路，就不停地換工作，還不停地在新老闆面前唾棄前老闆小氣。

　　2013年的經濟成長率不是很理想，我們應該不要只看眼前，不要指望自己能一步登天，要求好的待遇、好的工作。以下故事裡的年輕人就很實在，他透過自己的努力和創意，為自己創造幸福，很值得我們借鑒。

　　有一個賣菜的攤主，招募員工。一個年輕人來應徵，攤主告訴他我不能付月薪給你，你的收入要看你的努力，我把你當天收入的十分之一給你。這個小夥子覺得沒保障，掉頭就走了。另外一個年輕人也沒有接受這份工作，因為他覺得，這份工作所得卑微。

　　最後來的年輕人聽了老闆領日薪的方案，笑笑地說，可不可以在週末和假日把提成提高一點，攤主答應了。年輕人就開始工作，每天把攤位收拾得乾乾淨淨，還貼海報來招攬生意，結果平均日薪在1千元以上。年輕人工作幾年後，就買下老闆的攤子，設計更多的促銷方案，生意越做越好，成為富翁了。

Chapter 5

目標篇

1 多設目標

2 長期目標的重要性

3 你的目標可衡量嗎？

4 你有拓展目標嗎？

5 你能輕鬆達成目標嗎？

6 如果你的生命是值得的，那就記錄吧！

7 嘗試用本書日記表提高效率和素質

1.多設目標

在　這最後的一章裡我們要談目標，公司會設定不同的戰略目標，例如市場創新，人力資本，財務與業績的目標。老闆會把任務分配到不同的工作單位作為各個部門的行動指南。

在這裡我要談的是個人的目標，我們的人生要更幸福，更有意義的關鍵就是把夢想化為具體目標，將目標分解量化。在做個人規劃的時候我們通常都會先想自己的終極目標是什麼，我們這一生要做完什麼才會死而無憾。我們把終極目標量化分解成人生的總體目標，明確現在該做什麼，每當我們完成一件事就知道自己離夢想更近了一步。

目標有長期的、中期的和短期的，我們除了要設立與工作相關的，也要有家庭、學習、休閒、貢獻、財富、心靈、健康的目標。這樣我們才會覺得生命有意義，否則只有工作的目標，那我們會不知道為了什麼活著，為誰辛苦為誰忙？國外有句話：「Failing to Plan is Planning to Fail」，意思就是說如果你沒有計劃，就是計畫失敗。如果你沒有計劃成功，那就是計畫失敗；你沒有計劃快樂，那痛苦就會乘虛而入。其實，華人也有一個很好的說法：「一年之計在於春，一日是之計在於晨」，你去跟成功的人士溝通，他們都會告訴你，他們都有一個讓能量源源不絕的計畫和夢想，然後每一天都在努力實現他們生命的規劃。我們要設多個目標，目標設定以後，就一定要兌現。

目標的設立要多方面的，網路上可以搜尋到如何設定多個目標的工具，例如你只要在網上輸入「Wheel of Life」，就可以看到不少相關的資訊；你還可以填一些問卷，透過輸出的圖形瞭解你在各個目標所願意傾入的精力。

我比較喜歡引用「生命的曼陀羅」來做個人的目標計畫，這裡也跟大家

分享一下。

心靈	休閒	貢獻
學習	我的個人目標	家庭
財富	健康	工作

　　從這個圖表可以看出，我們除了設定工作目標之外，還應該有健康、財富、家庭、學習、心靈、休閒與貢獻的目標。我們朝向這些目標努力，生命會非常多彩多姿，也更加有意義。請注意你訂什麼樣的目標就會成為什麼樣的人，我們應該讓自己活在全新的故事裡，而不是給自己設限。

　　在這裡我給你一個目標設定的方法。你先畫一個7*9的表格，在表格的第一行第一列寫上「總標題」，在「總標題」的那一列寫上健康、財富、工作、家庭、學習與心靈成長、休閒與貢獻。

　　在第二列你要針對每一項標題寫下你的幻想，不給自己設限，把你心目中最理想的願景（What）寫下來，而且要寫得很詳細；每一個標題要寫上最少四個目標。

　　在第三列你要針對第二列的每一個目標寫上「為什麼」（Why）要有這樣的理想，你的目標應該能夠讓你熱血沸騰；接下來的一列是寫上你自己認為「怎麼樣做」才可以達到目標（How）；另外一列是做時間規劃，你要在新的一列裡填上一定要做的事，在日曆上「預訂時間」（When）；在另一列寫上要完成以上任務必須有「誰」配合（Who）；最後一行你要標上在「什麼地方」完成，或者由這裡要「去到哪裡」（Where）。

　　在這裡我把在35歲的那年所做的一部分未來25年計畫，展示給大家作為參考：

總標題	What	Why	How	When	Who	Where
家庭	孩子成才學好中文	子不教、母之過	做兼職獵頭，有更多時間陪孩子	每週一次請中文老師給孩子補習書法與中國詩詞	孩子、Stella、補習老師	多在家
	夫妻恩愛	一起共同成長和活動	每週一次共進晚餐	在日曆上標明每週與先生共進晚餐的時間	Stella、老公、朋友	餐廳與朋友的家
學習、心靈成長	成長	生命遇到了瓶頸，知道突破點在於心靈的成長與修煉	大量閱讀	每週六參加富勒讀書小組，風雨不改	Stella和讀書會	富勒讀書會
			學佛	每月參加法會，親近善知識	Stella	廟
			讀書	每月讀兩本書	Stella	家
財富	有一個游泳池的房子	我個人特別喜歡游泳	注：我沒有刻意地去想怎麼賺錢，所以沒有做投資或炒股，我只是把這個目標寫下來罷了	我沒有在這個目標上下功夫，誠如《秘密》所說的，這件事沒有讓我感覺著急，我把任務交給了老天	Stella	其實我幾乎都忘了這個目標，但是我在美國的房子就有游泳池
健康	身體健康	身有傷，怡親憂	天天運動	每天上班之前	Stella、健身教練	健身房
	60歲的時候要像50歲一樣	我現在才35歲，別人都說我像45歲	至少一個月去做一次美容	在日曆上某一天預約美容時間	Stella、美容師	美容院
工作	成為職場規劃的專家	要專業	對心理測試有獨到的瞭解	完成SHL的認證與評價中心的工作	Stella、渣打人力資源總部	英國
	成為銀行工會人力資源組的領導	渣打銀行已經是銀行業的主席，我要配合老闆	積極參與銀行人力組的會議	與銀行工會商定新的勞工合約作為其他銀行的範本	Stella、銀行公會	新加坡
休閒	唱歌，考取英國聲樂八級演唱文憑	唱歌是我的天賦，而且我會進入一個忘我的狀態	經常練聲，跟專業老師學習聲樂	每週參加合唱團彩排和演出。	Stella、聲樂老師、合唱團	北京音樂廳個人演唱會新加坡合唱團領唱

總標題	What	Why	How	When	Who	Where
貢獻	幫助婦女成功	回饋社會，我自己沒有時間，所以幫助別人成功也算我的貢獻吧	幫助輕安村創始人賴女士完成她的各項募款活動，給她們的機構做培訓	瞭解輕安村募款時間	Stella、賴女士	輕安村與街頭募款
	為慈善機構服務		成為慈濟的翻譯小組組長	小組會議及個人在家裡完成	慈濟，Stella	慈濟，在家裡

這是一個總規劃，每年我都會做比較詳細的短期計畫，主要都是以這個表格作為參考。我很高興，在各方面都獲得了很好的成果。

例如，我現在60歲了，但是人人都說我看起來像45歲，反觀當年我只有35歲，而人人都說我像45歲。對一個女人來說，這是一個非常值得高興的事。其實，我覺得美容院和健身對我的外表起不了太大的作用，我覺得我的心境是45歲，因為我從來都不覺得老，我有我的理想，怎麼會老呢？相由心生，我的心是年輕的，樣子肯定就年輕啊。其實我沒有時間老，我每天的工作量不比年輕人少，我不是養尊處優才看起來年輕的，反倒是忙碌的行程令我生活和精神都很充實，容光煥發的我自然顯得比實際年齡年輕許多，讓周圍的人羨慕不已。

家庭和睦，孩子成材，都是在計畫和努力耕耘之中展現出成績的。最值得我驕傲的是，我家三個孩子都寫得一手好字，都是彈鋼琴的能手，他們都學有所成，目前三個孩子都在美國工作。

此外，因為我常年學習，在佛法和身心靈的建設都有一定的突破，過去那些侷限性的思維還有負面的想法，都因為我在這方面的努力有了長足的進步，我甚至還可以為很多人排憂解難，這些成就也是計畫中的。

在財富方面，我沒有太大的欲望，我不買股票，也不投資，但是在中國和新加坡都有房子，而且在居美期間我們自蓋了一套獨棟別墅，還有一個挺不錯的游泳池。你在表格裡可以看到，我沒有去癡心妄想要有一個游泳池，

我寫在表格上以後，就沒有去多想它，可是因緣真是不可思議，我在美國的房子竟然就有了游泳池，所以我們必須要注意我們的「誓言」，因為它是會實現的。

在事業上，我潛心研究心理測試與員工職業規劃，在公司得到了不少榮譽。我現在做了獵頭和諮詢顧問，也成為了Emergenetics心理測試的代理商，這都是因為之前經驗的累積，我有努力，依我的目標老實去做。

此外，我很愛唱歌，我的休閒除了周末跟朋友玩，和家人活動之外，我也在表格上把我的休閒當成一個功課，我沒有設想自己會開個人演唱會，我只是參加合唱團，上上聲樂課，但是老天終於給了我一個很好的獎賞。2011年5月7日，我在北京音樂廳舉辦了一場個人演唱會，全場滿座，來了不少政要和三國的大使，這個演出為天使媽媽基金募集了幾十萬元的善款。因為我努力經營我休閒的嗜好，所以我唱歌的基本功沒有遺落。

二十五年前，我的工作非常繁忙，又要照顧三個小孩，我就想出一個特別的方法來貢獻社會。我認定了我的好朋友「輕安村」的創始人賴玉珠女士的公益活動，所以我告訴她，凡是有什麼公益活動，只要是我力所能及的事，我都會全力幫助她完成，這總比我自己帶頭做慈善簡單得多。當然，在這期間，我也做了其他的慈善活動，例如我曾是善友輔導中心的執委和新加坡前犯人康復與改造企業（Singapore Corporation of Rehabilitative Enterprises）執行顧問。

這個表格只是我計畫的一部分，希望能夠把如何做好計畫說明清楚。大家一定要認真去做，除了實現自己的目標之外，還能感召更多的能量，讓目標圓滿達成，把原定的計畫推向更高一層樓。

生命的曼陀羅

請在這個圖表裡寫上你的目標，每一個標題都要寫上至少五個目標。

總標題	What	Why	How	When	Who	Where
家庭						
學習、心靈成長						
財富						
健康						
工作						

總標題	What	Why	How	When	Who	Where
休閒						
貢獻						

2.長期目標的重要性

我們要注意，必須要設定短期、中期和長期的目標。當我們完成短期和中期的目標，就會給自己正向的激勵。那麼，如果要設定長期目標的話，要設多長的時間呢？

海明威在《老人與海》中寫道：「人不是為失敗而生的，一個人可以被消滅，但不能被打敗。」（Man is not made for defeat. A man can be destroyed but not defeated）。這句話打動了很多人，也實現了海明威心中最大的夢想——得到文學上的最高榮譽諾貝爾獎。可惜的是，海明威在完成這項使命後不久就在家中自殺了。我不知道他為什麼要選擇這樣的方式結束自己的生命，但我可以猜想他在獲得諾貝爾獎後一直找不到新的願景、新的使命的那種鬱鬱寡歡的心情所致。

我自認為是一個懂得時間管理和計畫目標明確的人，畢竟我還教時間管理課程呢！我回顧我所設立的短期和中期目標都一一實現，我感到很自豪。在35歲的時候，我設了25年計畫，我的目標只設到60歲，那時我認為已經算是長期了。所以當我59歲那年，在北京音樂廳辦了一個相當成功的個人演唱會之後，我感到非常滿足，但與此同時我也有一種失落感，因為我的生命規劃，只到60歲，我對下半生沒有目標。我經常告訴別人，從今而後，我每活一天都是老天的恩賜，但從這以後，我的心態就跟那些漂浮、沒有志向的人一樣。

直到有一天，我的腳突然間走不動了，我的左腳本來就比右腳短一些，而且經常感到疼痛。假如根據一般人的想法，年紀大了，腳出問題也很平常。但是，如果我們讀露易絲·海《生命的重建》這本書，你就會找到我為什麼走不動的原因。露易絲·海說人的思維影響著我們身體最弱的一部分，

而我身體最弱部分就是右腳。所以，當我沒有規劃，不知道下一步該怎麼走的時候，我的腳就出現很嚴重的狀況。你繼續翻查露易絲·海怎麼剖析腳疾，她就給了答案。腳疼是因為不知道生命該怎麼前進。

我恍然大悟，瞭解到我腳疼的問題是出在我已經沒有了長期目標！富勒博士說人如果在1980年還沒有40歲的話，那他活到140歲的可能性很高；美國威斯康辛大學的研究報告也提出人能夠活到160歲的說法。我的遺傳基因不是很好，我爸爸59歲去世，弟弟49歲就往生了，如果我採取消極的看法，那我也活不長久了。但是我媽媽84歲還健在，我還是選擇繼承我媽媽的優良基因吧！

我在60歲就沒有了長遠的目標，難怪我全身都不對勁，的確是太可怕了。我進入一個靜思期，我從新檢視我的願景和使命並為我下一個60歲做好規劃。大家已經可以看到，我的腳已經有了明顯的好轉，而且就在寫書的過程中，終於找到了一個治我脊椎不平衡和右腳乏力的醫生，我的確可以走好下一個60歲。

3.你的目標可以衡量嗎？

當我們設定長期、中期、短期的目標之後，我們就可以按部就班地去實行，所有的目標都要符合SMART的原理。以下是SMART的定義：

S即「Specific」，就是目標必須很明確，例如「成為一個有貢獻的人」的目標是不明確的，必須要說明「貢獻什麼」。

M即「Measurable」，就是目標必須是可以衡量的。例如每月看完多少本書，做多少公益活動。基本上我們可以衡量以下幾點：品質的（quality），數量的（quantity），時間（time）和成本（cost）。

A即「Agree」，就是目標也必須是可以被接受的。我們設定的個人目標

如果會影響他人或侵害他人的利益，那肯定是不被接受的。

R即「Realistic」，就是目標必須要有可行性。

T即「Time-binding」，就是目標在某個具體時間段一定要實現。

在企業裡面，公司都用SMART的原理給員工做績效考核。當你設定個人目標的時候，除了回答前面「生命的曼陀羅」的5個「W」，1個「H」的問題之外，還要用SMART來確定自己的目標是可衡量的。

大家要知道計畫固然好，但是任何的目標只是說到沒做到，還是一場空。在現實社會中，有很多未知數，而且是多變的，所以當我們訂出目標的時候，可能會遇到困難。要成功，就要去面對這些困難，付出超過常人的努力，因為未來的成功是要靠自己打拼的。

 ## 4.你有拓展目標嗎？

什麼是拓展目標（Stretch Objective）呢？這些目標看似跟你的工作無直接關係，但是你所做的能夠幫助整個公司提升業績，幫助同事提高效率，促成團隊更好的合作，或者是優化整個營運系統。

在企業裡，如果你想要設立拓展目標，那大前提是你必須要得到老闆的同意，否則就是浪費資源，因為老闆可能已經安排別人去做某件事，或者是老闆有更好的想法，所以我們應該去徵求老闆的同意。

別以為你做拓展目標就可以馬馬虎虎，在做拓展目標的時候，也必須注意以SMART的標準來衡量。你拓展的目標必須是明確的（Specific），必須要努力才可以實現的，必須要在品質、數量、成本上可以衡量（Measurable）得到一定的要求。你必須得到老闆的贊同（Agree），你的想法必須符合實際（Realistic），而且必須要在一定的時間內完成（Time-binding）。

　　還是用我的例子吧。我在渣打銀行做了十幾年的人事經理，雖然我在人事部門不必負責培訓。但是我一直在給員工講課，每年給部門主管做績效考核的培訓、給員工做團隊合作的培訓，以及給全公司近2000員工演講公司的改革方針。每一次有這樣的機會，我都會毛遂自薦與培訓部門合作，因為我是人事部的，所以講這些題目就更加有說服力，有更多的實際案例，員工也喜歡聽我的課，因為他們可以趁機大吐苦水，所以培訓部每年都歡迎我加入他們的工作。

　　我除了做好上司給我有關人事部的工作指標外，我還完成了「培訓」這個「拓展目標」。也許有些人會說多做多錯，不要自找麻煩。我不知道他們為什麼要這麼想，對我而言應該是多一事長一智。1995年，渣打銀行英國總部聘用了一位資深的職業規劃經理，他問我願不願意與他一起做人才儲備的工作，他會向我新加坡的總經理請求我加入這個工作，但是人事部原定的工作還是要做的。我馬上決定接受這個挑戰，因為我可以跟頂級的人學習。總部的這位老總還說，我們要做人才儲備、測試勝任力，可以去諮詢公司購買相關的測評資料，但我們也可以自己研發部分的測試，因為銀行有自己獨特的勝任力模式，我還是義無反顧地答應他，與他全力配合。

　　結果，得益的是我自己。因為我接受了這個拓展目標，並且有資深的專家給我指點，我設計了大學生評價中心（Assessment Center）和高管人員的評價中心的測試，那是我在人力資源專業的一個大突破。這個拓展目標外表看起來和我每天在管理人力資源的工作沒有直接的關係，但是它卻給了我展現的機會。

　　接下來的第二年，這位老總又邀請我做企業文化的推動。渣打銀行是一個百年的企業，但是它確是一頭沉睡的獅子。在1996年，渣打銀行還不像現在在金融界裡那麼前衛，銀行意識到改革的重要，這位總部的老總要推動企業文化的改革，他請我加入這個改革的隊伍。除了跟現有的員工說清楚公司以後的企業方向、願景之外，他要我照顧好新員工，要我負責新員工的培訓，要把我設計給新員工培訓的計畫推廣到渣打銀行整個亞太區。這是一個很大的工程，我除了要參考500強企業在新人培訓方面的做法之外，還要在銀行設計一套新的

組織架構來支撐我的計畫，且這個專案牽涉到工會、部門經理、銀行裡不少的員工。總而言之，我學了很多。因為這個拓展目標，我得了最高的榮譽「渣打銀行總裁獎」。所以拓展目標的確給你展現的機會，而與此同時，學會最多的、成長最快的是還是你自己。

我們要知道你多做了不是為了老闆，你付出越多，得到就會越多。如果你在工作中斤斤計較，老闆會看在眼裡，他們算得更精。我們應該趁還年輕發憤圖強，努力累積知識，技能和培養好心態，努力的成果一定是屬於自己的。

 ## 5.你能輕鬆達成目標嗎？

一個沒有目標的人就好比沒有指南針的船在大海上航行，永遠靠不了岸，因此學會訂長期目標、中期目標和短期目標是非常重要的，最重要的還是天天堅持累積到一定的時候，你會發現你會為你的成功感到驕傲。

這裡介紹一些小竅門讓你輕輕鬆鬆實現目標。

1.趣味性：設定目標雖然是很嚴肅的事情，但是我們可以想方法讓它變得有趣。例如減肥，你就可以把一個身材非常好的明星的照片加上自己的頭像，貼在臥室牆上來提醒自己。

2.分段實現：目標如果設定太難了，就要在中間設檢查站，實現一些短期的目標來自我鼓勵。

3.獎勵機制：在每一次達成短期目標或者中繼站時，一定要透過具體的獎勵為自己又靠近大目標而慶祝一番，在自己的心上烙下成功的印痕。

4.列下清單：實現目標需要完成哪些內容，列下你的清單。

5.找人監督：告訴全世界你的目標。例如你要成為國際獵頭，你就起碼要讓你的三個摯友知道，並且讓他們每個禮拜檢查你有沒有朝這個方向努

力。

6.隨時提醒：把電腦的桌面改成你的目標，隨時提醒自己。

7.懂得調節：安東尼‧羅賓強調我們的身體狀態會影響我們的思維能力，所以當我們覺得沮喪就不要待在同一個位置上，應該換一個狀態。例如走一走，或者是去逛街，不要沉浸在同一個狀態裡。

8.冥想：哈佛醫學院臨床副教授斯里尼瓦桑‧皮雷（Srinivasan Pillay）博士對大腦的研究非常地透徹。他建議大家進行內省和冥想訓練，五到十分鐘的冥想可以減少大腦杏仁核的活動，因杏仁核的活動會引發人恐慌時的呆滯、逃避或者激烈的行動。

9.親近善知識：不要排斥比你更成功的人。

舉個例子來說吧，《窮爸爸富爸爸》的作者羅伯特‧清崎（Robert Kiyasaki）❶。《窮爸爸富爸爸》這本書之前的書名是《如果你要快樂和富有，就不要上學》（If you want to be rich and happy, don't go to school），朋友們勸清崎把書名改一下。因為這本書名要在新加坡出版可能有難度，我們的政府可能會擔心你說一些不合適的話，而且書名也沒有吸引力。因為每個人都去上學，所以一本叫讀者不要去上學的書，很難找到讀者。不久這本書就以「窮爸爸富爸爸」的書名出版發行了，而且還風靡全球。

清崎說，他認為跟成功人士在一起是非常重要的。清崎認識唐納德‧川普（Donald Trump）——美國著名的地產大亨，他要求唐納德給自己機會做他的私人助理。他告訴唐納德他會在房裡像一隻蒼蠅一樣，在牆角一動不動，他這麼做就是想要看到成功人士是怎麼做到的。你看，像清崎那樣成功的人士，都還那麼注重學習，那麼願意親近善知識，那你呢？後來清崎和唐納德還一起合著

---

❶羅伯特‧清崎（Robert Toru Kiyosaki），第4代日裔美國人，投資家、企業家、教育家。《富爸爸，窮爸爸》系列書籍的主要作者；「富爸爸」系列叢書合著者。富爸爸公司合夥創始人，財商教育的領路人。

了《讓你賺大錢》（Why we want you to be rich?）。

在很多的外企，例如渣打銀行，我們重點培養的那些有潛質的經理，都會被調派做總經理或者副總經理的私人助理。但是私人助理這個職位的名稱不太光彩，我在渣打銀行做高管職業規劃時，總會要安排出色的經理做總經理的助理，但是經常有人抱怨，他們會問我：「Stella，我到底什麼時候得罪了你？你要讓我做助理，而不調派我做分行經理或部門經理呢？」我還得給他們解釋做助理有不少好處：首先，他們可以看到最成功的人的操作模式，看到他們看待問題的視角和處理事情的方法；與此同時，也可以讓他們跟總經理的人際關係連結上，派他們做助理是給他們最大的提升和學習的機會，只有公司最器重的人才有機會輪調成為總經理的私人助理。

我的好朋友前聯想集團副總裁，現任IBM新加坡總經理洪女士就曾經是IBM亞太區總經理的助理。這段工作經驗增廣了她的見聞和人脈關係，使她能夠在公司平步青雲，成為高管，她是職場規劃裡的得益者和成功案例。

當我們親近成功的人，就好像天天去上課，學習成功的軌跡，建立成功的關係，吸取成功的能量。

10. 克服恐懼：我們會放棄我們的目標的主要原因，是因為我們無法克服自己的恐懼。恐懼來自於模仿，模仿別人和偏限性的思維，會使你畏首畏尾。當你告訴自己不可能、做不到和沒辦法，就無異於作繭自縛。我要提醒你注意：將影響你成功的釘子徹底拔掉。

11. 改變觀念：我們的觀念影響了我們的思維，我們的思維影響我們的行動，我們的行動會變成我們的習慣，而我們的習慣就會影響我們的一生。很多人都在習慣上做功夫，其實那是治標不治本的。

舉個例子來說，我認為人生得意須盡歡，所以我過去大吃大喝，在飲食上沒有節制。別人兩菜一肉，我的習慣是兩肉一菜，有三高是必然的結果。我減

肥一段時間，但是又故態復萌。我去吃藥想把三高降下來，結果還是不理想。
但是假如我在念頭上做功夫，就不一樣了。近年來，我的念頭是要愛惜生命，
我的信念改變了，我的行動就跟著改變了。我首先不暴飲暴食，改為素食，結
果身體自然就好了。

　　我們說的話也會影響我們，所以很多從事激勵培訓的老師們都告訴我
們，即使我們有負面的想法，也盡量不要亂說，科學證明，我們的大腦聽不
到「不」這個字，所以我們跟小孩說「不要碰插座」，他們根本聽不到
「不」，他們不是故意跟我們作對。當我們說，我們「不要失敗」，那就一
定「失敗」，我們要注意我們的言語，要口吐蓮花，不要口吐毒蛇，要注意
用正向的言語來給我們的大腦暗示。

Note

GWCC全球職場顧問公司 董事長兼總經理　張佑康

張佑康（Patrick Chang）MS，MBA，FTBE，現任GWCC全球職場顧問股份有限公司董事長兼總經理，LCCIEB英國倫敦工商會考試局臺灣區首席代表，先後任教於臺灣22所大學院校，並擔任16所大學課程審議委員、專家諮詢委員。

Stella▶ 請您談談什麼是成功？

Patrick▶ 能成為真正自由自在，而且發揮最大正向影響力的人，就是一位成功的人。真正的自由可以分為四大層面，分別是：財富自由、行動自由、時間自由、思想自由。因為成功＝財富自由＋行動自由＋時間自由＋思想自由＋正向影響力。

Stella▶ 那要怎麼做才能成為一個成功的人呢？

Patrick▶ 我要講四個法則。

首先，吸引力法則：「物以類聚」就是「吸引力法則」，當我們是一個思想正面，願意幫助別人的人，我們在人際圈裡一定也會有很大的吸引力，自然會吸引很多具有正向能量的人，成為幫助我們成功的貴人，讓我們腦中美好的畫面能夠逐一實現。

第二是感恩法則：要感恩師長、同事、敵人、曾經傷害過你的人（因為他們讓你成長），我們身邊的每一個人都在成就和幫助我們，我們應該常存感恩的心。

第三是祝福法則：感恩只是我們心念上的一種善念，但祝福則是一種發散善念的行為，當我們誠心祝福身邊的每個人，那種無形的快樂也在庇佑著我們。

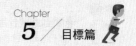

第四是貢獻法則：透過服務別人來實現你的人生價值。此時，感恩已經落實在奉獻之中了。

當你是這樣的人，確定能夠做到正向、感恩、祝福、貢獻這四個法則時，那麼不論以怎樣的定義來看待成功，你都已經是一個成功的人了。

6.如果你的生命是值得的，那就記錄吧！

如果你的生命是值得的，那就記錄吧（If life is worth living, it is worth journaling！）外國人到了耶誕節就會總結一年的所發生的事，隨著賀卡寄上當年的回憶錄，這是很好的一個習慣。因為我們可以總結這一年來所發生的事，有哪些是讓自己覺得驕傲、讓自己難過、讓自己開心的，然後與朋友分享。

我每年也都寫賀卡，有空的時候把這些新年回顧看一遍，有一種特別溫馨的感覺，而且都會給自己正能量，因為我戰勝了不少的挑戰，得到老天的庇佑，我感到非常滿足。

有時候，一個人不滿足是因為沒有停下腳步來反觀，想一想自己真的很幸運，雖然是跌跌撞撞，還是順利渡過了一年。

當然，發給朋友的回憶錄一般都會寫得比較積極，即使渡過了很大的厄運和難關，也都會盡量寫得比較正面一些，那也沒什麼不好，主要還是回憶、檢討和展望未來。

7.嘗試用本書日記表提高效率和素質

史蒂芬‧柯維❷（Stephen R Covey）在他的《高效人士的七個好習慣》（The 7 Habits of Highly Effective People）裡闡述如何培養好習慣，我在這裡就不贅述了。

---

❷史蒂芬‧柯維（Stephen R Covey）博士被選為「影響美國歷史進程的25位人物」，是備受推崇的領導工作權威、家庭問題專家顧問與個人管理專家。受《經濟學人》雜誌推舉為「最具前瞻性的管理思想家」，同時也是美國前總統柯林頓所倚重的顧問。著作《The 7 Habits of Highly Effective People》（台譯：與成功有約：高效能人士的七個習慣）一書，更被譽為二十世紀最有影響力的商業書籍之一。

我強調好習慣，是因為有好習慣的人，一般都懂得自我控制，在生活中有自己的戒律，一個成功的人一般都會嚴守自己訂下的目標和戒律。

學會時間管理，我們不需要把這個事情說得很複雜，我們可以參照史蒂芬‧柯維的時間管理系統。他說工作可以分成四類：

第一類是重要又迫切的事：例如客戶投訴，你必須趕緊處理，那是非常重要和緊迫的事。但是如果我們有很好的系統，這類事項就不會經常出現。

第二類工作是那些不緊迫但卻是非常重要的事：例如與人建立關係和運動，這些事我們經常拖延，在做時間規劃的時候，我們一定要把它放進日程裡，規定自己一定要做，要不然人的惰性和藉口，都會造成我們忽略這些對我們有長遠影響的事。

第三類的工作是緊迫但是不重要的事：例如老闆一天到晚叫你，老闆的事看起來的確非常緊迫，但是有時候並不是那麼重要，我們有時候也忙於接電話，這些電話如果透過很好地時間管理是可以把它歸類在一起的。例如說在中午吃飯的時候接電話、回電話，那能更有效地利用時間。

最後一類是那些不重要和不緊迫的事：例如上Skype說東家長西家短，這些事情根本就沒有意義，必須盡量不做。

每個人都只有24小時，有很好的時間管理系統，生活就可以輕輕鬆鬆卻又能達到高效。

例如硬性規定自己要有和家人在一起的時間，或者要有鍛鍊身體和學習的時間，把這些重要但不緊要的事都在時間表上訂下來。規定自己一定要去做，不知不覺間你就會養成好習慣。

根據本書的理念，我設計了一個因事制宜的日記表，具體如何操作，請看附錄。這個日記表每月一本，只有8張，請登陸宇博聯創國際諮詢（北京）有限公司網站www.evolveintl.cn 的主頁下載。

在這個日記表裡，我們可以把重要不迫切的目標填上，把承諾要做的事

和約會填上，不過我們建議你不要把日程填滿超過30%，這樣可以讓自己有靈活的空間和時間處理和安排突發事件。

表中還設計了自我反省和自我激勵的欄位，相信當你堅持填完此表並照著去做時，那種實現短期目標到達中期目標，最終實現長期目標的滿足感，絕對是不言而喻的。

附錄一

填寫日記表說明

先填寫生命的曼陀羅

　　沒有計畫就不可能達成目標，我們除了工作目標之外，也要有其他目標。先填寫生命的曼陀羅。一般這個計畫都不會在短期內改變，但是應該經常回顧。

　　在生命曼陀羅表裡所設定的目標必須是可衡量的，要用SMART的原理。

　　生命曼陀羅裡提到的目標要在日記表預定時間。因為那些是重要但不緊要的事，你一定要安排時間來做。

下個月的約會與目標

　　你可以用手機記錄你下個月的約會和時間安排，例如下個月的3號下午五點要參加○○公司的員工大會，15號中午12點要和○○客戶在╳╳餐廳用餐。

　　當你做（月）每週計畫的時候，先看一看 之前寫得生命的曼陀羅，記得要把那些重要但不緊急的事填寫在日記表，也把之前手機記錄的約會填寫在日記表上。

如何填寫（月）每週計畫

每月一共四週，所以有四張表格。

1. 先用生命的曼陀羅制訂目標和計畫
2. 參考提前記錄的約會
3. 在每週計畫表的空格裡填上必須做的事，例如，每週三和六晚上八點給父母打電話，每天晚上九點學習英文，每天早上六點去健身房，也要填上一些約會及會議的時間和地點。
4. 在每週日記表中安排的活動，不超過日程的30個百分點，你必須留出足夠的時間去處理突發事件，如會議、會見客戶等。
5. 每天完成預定的計畫就在括號裡打勾（✓），沒有做到的地方就在括號裡打叉（✗）。
6. 這個日記表有：①反省；②期望；③注意事項；④自我暗示；⑤讚嘆的事。都是比較個性化的紀錄，你老實填上，之後每個月回顧，每半年以後再回顧，會很有意思。從中你可以看到自己的成長和下一年在制定生命的曼陀羅時應注意哪些。
7. 反省和讚嘆是根據書中所談的6個R和2個V來做的。

填寫日記表的重要性

1. 做任何事情貴在堅持，但很多人半途而廢，原因是他們給自己設定了太繁雜的目標，結果填寫這樣的表格反而成了一種負擔，且不容易持續做到。

　　根據科學研究證實，要養成新的習慣起碼要堅持21天才得以實現。書中所提及的6個R和2個V，以及很多細節，都可以按部就班、持之以恆地做好。

2. 我們除了計畫之外還要反省，因為失敗不是成功之母，反省才是成功之母。所以每個月都要花時間去回顧上個月所發生的事，好好反省。

3. 填寫日記表最大的意義在於，我們把左腦關注的事項都安排好了，讓我們的右腦有更多的時間和心情去創造和學習。因為我們已經把該做的事情都安排妥當，我們的左腦就不會再去干擾右腦創意的思路了。

生命的曼陀羅（例子）

Objectives（生命目標）	What（具體目標）	Why（為了什麼）	How（如何實現）	When（具體時間）	Who（相關人物）	Where（具體地點）	SMART
家庭	1.多與父母溝通 2.深入了解心儀的人	愛	1.電話、SMS 2.每週末約會	1.周一、週三 19：00 2.每週日 14：00~20：00	1.父母親 2.心儀的人	1.家 2.電影院、餐館或公園	可行
學習	英文	重要	每天	20：00，一小時	自己	家	一定要每天背20個單字
心靈	讀書	成長	本月讀《生命的重建》	周末	書	家	可行
財富							
健康	6塊腹肌	瘦5公斤	仰臥起坐30個	6：30	教練	健身房	可衡量
工作							
休閒	與室友定期爬山	空氣好、鍛鍊身體、建立感情	每次去不同的地方	每個月第一個周六上午	室友	各個名勝	一月一次
貢獻	做植樹義工	環保	報名《新京報》	未知	《新京報》讀者	未知	可行

生命的曼陀羅

Objectives （生命目標）	What （具體目標）	Why （為了什麼）	How （如何實現）	When （具體時間）	Who （相關人物）	Where （具體地點）	SMART
家庭							
學習							
心靈							
財富							
健康							
工作							
休閒							
貢獻							

六月　第一週（例子）

第一週	星期一（3日）	星期二（4日）	星期三（5日）	星期四（6日）	星期五（7日）	星期六（8日）	星期日（　）	本週自我暗示
6:00～9:00	健身（✓）	健身（✓）	健身（✓）	健身（✓）	健身（×）	健身（×）	（　）	我有學英文的天分
9:00～11:00	（　）	（　）	（　）	（　）	（　）	爬山（✓）	生命重建（✓）	
11:00～12:00	（　）	（　）	（　）	（　）	（　）	爬山（✓）	（　）	
12:00～14:00	（　）	小琪麗啓（✓）	（　）	（　）	（　）	爬山（✓）	（　）	
14:00～16:00	（　）	（　）	（　）	人事經理（✓）	（　）	爬山（✓）	約會（✓）	
16:00～18:00	（　）	（　）	（　）	（　）	（　）	（　）	（　）	
18:00～20:00	母親Tel（✓）	（　）	母親Tel（✓）	小蘭生日（✓）	（　）	麥樂迪（✓）	（　）	
20:00～22:00	英文（✓）	英文（✓）	英文（✓）	英文（✓）	英文（✓）	英文（✓）	英文（✓）	
22:00～23:00	（　）	（　）	（　）	（　）	（　）	（　）	（　）	

讚嘆與該反省的事

讚嘆		
Reasoning Skill	用ABCDE法則處理與小玲的爭執，完成十個中級的九宮格數獨	
Responsive		
Responsible	以把銷售流程交給主管	
Relational	用惡言罵小玲，錯怪兩微（反省）	
Revitalize		
Rules	本週每天學英文，即使有Party和公司卡拉OK	應該做但還沒有預約時間的事項

本週要事：把公司銷售流程寫好　PM2.5嚴重，準備雨傘口罩

月 第 週

第一週	星期一（ ）	星期二（ ）	星期三（ ）	星期四（ ）	星期五（ ）	星期六（ ）	星期日（ ）	本週自我暗示
6:00～9:00	（ ）	（ ）	（ ）	（ ）	（ ）	（ ）	（ ）	
9:00～11:00	（ ）	（ ）	（ ）	（ ）	（ ）	（ ）	（ ）	
11:00～12:00	（ ）	（ ）	（ ）	（ ）	（ ）	（ ）	（ ）	
12:00～14:00	（ ）	（ ）	（ ）	（ ）	（ ）	（ ）	（ ）	
14:00～16:00	（ ）	（ ）	（ ）	（ ）	（ ）	（ ）	（ ）	
16:00～18:00	（ ）	（ ）	（ ）	（ ）	（ ）	（ ）	（ ）	
18:00～20:00	（ ）	（ ）	（ ）	（ ）	（ ）	（ ）	（ ）	
20:00～22:00	（ ）	（ ）	（ ）	（ ）	（ ）	（ ）	（ ）	
22:00～23:00	（ ）	（ ）	（ ）	（ ）	（ ）	（ ）	（ ）	
該讚嘆與該反省的事	Reasoning Skill		讚嘆			反省		
	Responsive							
	Responsible							
	Relational							
	Revitalize							
	Rules							
本週要事								應該做但還沒有預約時間的事項

261

月　第　　週

第一週	星期一（　）	星期二（　）	星期三（　）	星期四（　）	星期五（　）	星期六（　）	星期日（　）	本週自我暗示
6:00～9:00	（　）	（　）	（　）	（　）	（　）	（　）	（　）	
9:00～11:00	（　）	（　）	（　）	（　）	（　）	（　）	（　）	
11:00～12:00	（　）	（　）	（　）	（　）	（　）	（　）	（　）	
12:00～14:00	（　）	（　）	（　）	（　）	（　）	（　）	（　）	
14:00～16:00	（　）	（　）	（　）	（　）	（　）	（　）	（　）	
16:00～18:00	（　）	（　）	（　）	（　）	（　）	（　）	（　）	
18:00～20:00	（　）	（　）	（　）	（　）	（　）	（　）	（　）	
20:00～22:00	（　）	（　）	（　）	（　）	（　）	（　）	（　）	
22:00～23:00	（　）	（　）	（　）	（　）	（　）	（　）	（　）	

該讚嘆與該反省的事	讚嘆			反省				
Reasoning Skill								應該做但還沒有預約時間的事項
Responsive								
Responsible								
Relational								
Revitalize								
Rules								

本週要事

第　週　月

第一週	星期一（ ）	星期二（ ）	星期三（ ）	星期四（ ）	星期五（ ）	星期六（ ）	星期日（ ）	本週自我暗示
6:00～9:00	（ ）	（ ）	（ ）	（ ）	（ ）	（ ）	（ ）	
9:00～11:00	（ ）	（ ）	（ ）	（ ）	（ ）	（ ）	（ ）	
11:00～12:00	（ ）	（ ）	（ ）	（ ）	（ ）	（ ）	（ ）	
12:00～14:00	（ ）	（ ）	（ ）	（ ）	（ ）	（ ）	（ ）	
14:00～16:00	（ ）	（ ）	（ ）	（ ）	（ ）	（ ）	（ ）	
16:00～18:00	（ ）	（ ）	（ ）	（ ）	（ ）	（ ）	（ ）	
18:00～20:00	（ ）	（ ）	（ ）	（ ）	（ ）	（ ）	（ ）	
20:00～22:00	（ ）	（ ）	（ ）	（ ）	（ ）	（ ）	（ ）	
22:00～23:00	（ ）	（ ）	（ ）	（ ）	（ ）	（ ）	（ ）	

該讚嘆與該反省的事	Reasoning Skill	讚嘆	反省
	Responsive		
	Responsible		應該做（但還沒有預約時間的）事項
	Relational		
	Revitalize		
	Rules		

本週要事		

月　第　週

第一週	星期一（　）	星期二（　）	星期三（　）	星期四（　）	星期五（　）	星期六（　）	星期日（　）	本週自我暗示
6:00～9:00	（　）	（　）	（　）	（　）	（　）	（　）	（　）	
9:00～11:00	（　）	（　）	（　）	（　）	（　）	（　）	（　）	
11:00～12:00	（　）	（　）	（　）	（　）	（　）	（　）	（　）	
12:00～14:00	（　）	（　）	（　）	（　）	（　）	（　）	（　）	
14:00～16:00	（　）	（　）	（　）	（　）	（　）	（　）	（　）	
16:00～18:00	（　）	（　）	（　）	（　）	（　）	（　）	（　）	
18:00～20:00	（　）	（　）	（　）	（　）	（　）	（　）	（　）	
20:00～22:00	（　）	（　）	（　）	（　）	（　）	（　）	（　）	
22:00～23:00	（　）	（　）	（　）	（　）	（　）	（　）	（　）	

讚嘆與該反省的事	Reasoning Skill	讚嘆		反省	應該做(但還沒有預約時間的)事項
	Responsive				
	Responsible				
	Relational				
	Revitalize				
	Rules				

本週要事	

後記

看完了整本書，你是不是覺得還有很多東西需要學習和實踐呢？如果是，那就對了。這本書講了不少的方法，但是方法總歸是方法，到最後，你展現給面試官和老闆的是你的人格，你的品德，你的內涵與價值觀。我們應該永保學習的熱情，沒有人一開始什麼都會。我們說學習才能夠改變命運，學習才能夠讓你體會持續成功的快樂。

我在這裡強調本書的核心是作為一個好員工，作為一個好人，你都要有6個R和2個V。即使IQ是天生的，我們也可以透過學習各種方法，來幫助自己提高分析的能力（Reasoning Skill）。我們到了社會工作，就要借事練心了。我們要有堅定的正能量(Revitalize)，學會圓融地處事（Relational），有負責任的工作態度（Responsible），不受利誘，把誠信、感恩作為做人處事的基本（Rules）。我們透過謙卑和變通（Responsive）不斷地朝自己的夢想努力前進（Vision）。同時也要關注大趨勢、與時俱進的國際視野（World View）。我們要不斷地學習優化，再優化，做到止於至善的境界。

《道德經》第四十一章說：「上士聞道，勤而行之; 中士聞道，若存若亡; 下士聞道，大笑之，不笑不足以為道。」優秀的人聽見好的道理，會馬上實踐；普通的人聽到好的道理，會半信半疑，不一定會去嘗試；平庸的人聽見好的道理，會哈哈大笑。希望讀者看完本書，能夠學以致用，所以我設計了日記表，你也可以每個月，登陸我公司的網站www.evolveintl.cn下載。這個日記表涵蓋了我們所講的作為好員工的基本素質，而與此同時很有系統地讓你把生活規劃好，希望對你有幫助。

我們應該在身、心、靈不斷地成長、壯大，做一個快樂，充滿愛心，使自己成為老闆、同事、客戶尊重和信賴的夥伴。我在這裡衷心祝福大家，幸福快樂！

銘謝

我非常感謝我的貴人給本書寫序和後記，在此要特別向他們致謝。

王育琨——著名管理專家、商業評論家。原國務院發展研究中心研究員、世界銀行顧問、美國福特基金會中國城市發展與管理專案負責人；現為經理人商學院院

長、首鋼發展院企業研究所所長，中國併購業公會學術委員會委員。著有：《答案永遠在現場》、《商業領袖底蘊》、《企業的山脈》、《垂直攀登》、《強者：企業家的夢想與癡醉》、《全球化之舞》等

李曉原──浩華國際人力諮詢集團(www.sesasia.com) 主席／集團董事經理，NGS Global成員

張佑康（Patrick Chang）MS，MBA，FTBE──現任GWCC全球職場顧問股份有限公司董事長兼總經理

沈麗芳──麥格勞-希爾集團McGrawhill大中華區人事總監

吳飛──微軟大中華區校園招聘負責人GCR Campus Recruitment Lead

嚴俊──新加坡國立大學商學院，上海辦公室

賴玉珠──前滙豐銀行亞洲資金總經理，新加坡輕安村創辦人

姚遠──中國印象集團股份有限公司董事長、全國各省同鄉企業聯誼總會總會長。

我要在此感謝以下的專家們給予讀者精闢的專訪，讓讀者對我們所談到的題目有更深入的瞭解。

沈亦文──新加坡國立大學工商管理碩士，在跨國銀行有20年金融產品銷售及研發管理的經驗，他曾是澳新銀行、渣打銀行、荷蘭銀行和花旗銀行的高管。著有《打造三流合一的供應鏈帝國》，他為我們分析在職者也可以在三流合一的年代裡脫穎而出。

吉爾・布蘭妮（Dr. Geil Browning）博士──創立EG心理測試密碼（Emergenetics）。2003年，獲得「科羅拉多傑出女企業家」的榮銜；2011年她的公司被譽為美國前500家發展最迅速的企業。她的專訪內容對每個關注EQ與人際關係處理的讀者會有很大的幫助。

王雲──國際註冊形象顧問、培訓師和作家，著作有《職場必勝搭配全書》《形象決定一切》、《這樣穿才能成為銷售冠軍》等等。北京服裝學院商學院客座教授及時裝設計師、奧運禮儀之星全國選手形象禮儀培訓師。在本書給讀者建議面試中的成功穿著方案。

Irene Wee──前新加坡培訓與發展機構的主席，前渣打銀行的培訓主管，Incity Lofts的總經理， I-reneW的創辦人，新加坡繼續教育協會（SACE）副主席。她談到

了她對因事制宜的一些看法，相信對大家很有啟發。

薛寶金（Dorothy Seet）——北京順美服裝股份有限公司總裁，中國新加坡商會會長，中國服裝協會理事，北京服裝協會副會長。薛寶金女士是新加坡人的驕傲，2012年獲得新加坡總統頒發PMB獎。她與我們分享順美服裝如何識別人才，如何培訓人才。

張佑康（Patrick Chang）MS，MBA，FTBE——現任GWCC全球職場顧問股份有限公司董事長兼總經理，LCCIEB英國倫敦工商會考試局臺灣區首席代表，先後任教於臺灣22所大學院校，並擔任16所大學課程審議委員、專家諮詢委員。他與我們分享他對成功學的獨到見解。

姚遠博士——中國印象集團股份有限公司董事長、全國各省同鄉企業聯誼總會總會長。提醒讀者一定要把專業技能提升。

劉之涯——前誠信達電力安裝公司總監、吉林德順房地產公司總監、河北玄武集團總經理。劉之涯先生是南開大學哲學研究生，精通文史、詩詞、繪畫，對儒釋道有精闢的瞭解與鑽研，現任北京理工大學MBA東方管理智慧主講教授，哈爾濱母親教育協會總顧問，哈爾濱團委特聘國學專家，北京東方啟智企業家沙龍管理文化導師等。他建議剛畢業的學生應該透過中國傳統文化的教育以及吸收西方商業的經驗提升自己在職場的素質。

我要感謝我的父母，他們給我愛的教育，他們沒有受太多的教育，但從身教中我知道禮義廉恥。

我要感謝我的丈夫林錦心，朋友們都說他是我的護法神，他有淵博的知識是我的好老師，也是我的好朋友，他永遠給我滿滿的信心。我的三個孩子楷涵，穎涵和逸涵是老天給我的獎盃，他們在職場上恪盡職守，是我的驕傲。

我也要感謝我的實習生陳潔靈，杜盛楠和馬嘉豪。他們幫我做打字和校對的工作；我要感謝莊碧彥女士，她是新加坡南華中學教師，在百忙之中幫我做校對與潤筆的工作，我非常感謝。

在這本書出版之前，我也邀請了一批愛好讀書的年輕朋友來參加這本書的試讀活動，給我提建議，在此也向他們表示感謝。

最後我要感謝宇博聯創國際諮詢（北京）有限公司的全體員工，他們在精神上不斷地鼓勵我，而且在我創作的期間幫我分擔工作。

世界華人八大明師創業創富論壇

創意 · 創業 · 創新 · 創富

　　在創意當道的創新時代中，無論在實體或網路虛擬通路的經營，均需要發揮創新與創意才能達到成功。因此，**中華華人講師聯盟，亞洲創業家大講堂，社團法人中華價值鏈管理學會，和采舍國際集團等單位將於2014年6月14日和15日於台北舉辦一場千人與會的世界華人八大明師演講大會與培訓課程，主題：創意 · 創業 · 創新 · 創富**。在兩天的活動中我們特別規畫了**頂尖企業家創業創富論壇**，邀請兩岸的頂尖創業家齊聚一堂，暢談其成功之鑰，希望參與此盛會的學員朋友們，能結識各行業菁英，擴展人脈，並學以致用，成功圓夢！

Power of Leverage

2014台北場

- ❯ 日期：**2014年6月14日和15日共二天**
- ❯ 時間：**2014年6月14日** 星期六 上午9：00~晚上9：30
  　　　　2014年6月15日 星期日 上午9：00~晚上6：30
- ❯ 地點：**龍邦僑園會館**（台北市北投區泉源路 25 號 捷運新北投站）

- ❯ 北京場、深圳場、2015年諸場請上 **世界華人八大明師** 活動官網
  http://www.silkbook.com/activity/2013/10/1031light/ 查詢

- ❯ 主辦單位：  **㊣中華華人講師聯盟**
  10468台北市中山區樂群路6號
  No.6,Zhifu Rd., Taipei 104-66
  TEL:02-8502-8699 | FAX:02-8502-5557

行銷總代理
采舍國際
www.silkbook.com

本課程帶給你的**好處**和**價值**超乎你的想像

❶ 你將學習到**成功創業的八個板塊**。減少自行摸索的時間和金錢。

❷ 你可以學到**世界頂尖CEO每天都在做的七件事**，揭開CEO們鮮為人知的事業機密！

❸ 有機會學到美國創業管理排名第一的**巴布森學院**（Babson College，哈佛大學Case Study系統）的**最新創業課程**。

❹ 將傳授你**EMBA沒教的貴人學及創富GPS**：幫你找到創造財富的最低阻力路徑為你的事業定位、導航，並**建立一流自信與魅力**，從此改變一生。

❺ 學到**多元創意行銷模式的導入和產品創新和創意的發想、借力行銷**，兼具理論和實務，立即能學以致用，讓錢自己流進來！

❻ 第一天晚上的**頂尖企業家創業創富論壇**，你可以親眼目睹兩岸創業家的風采，領略成功企業家的思維，快速搭上創業創富的子彈列車。

❼ VIP頂級贊助席可與八大明師、論壇的頂尖企業家嘉賓同桌（圓桌餐）共同餐敘，互相認識，廣增人脈，並尋求明師指點。

❽ 凡參加的學員皆擁有價值5000元到10000元以上的贈品。物超所值！

☆ ☆ ☆ ☆ ☆ **超值席位火熱報名中** ☆ ☆ ☆ ☆ ☆

VIP頂級贊助席：$19800
鑽石VIP席：$9800

詳情請上 世界華人八大明師 活動官網
http://www.silkbook.com 新絲路網路書店

鑽石VIP席買二送一優惠，現正搶購中——

〔 客服專線：02-8245-9896 分機112 〕

八大明師活動 我要報名

我們改寫了書的定義

董 事 長　王寶玲

總 經 理　兼 總編輯　歐綾纖

出版總監　王寶玲

印 製 者　家佑印刷公司

法人股東　華鴻創投、華利創投、和通國際、利通創投、創意創投、中
　　　　　國電視、中租迪和、仁寶電腦、台北富邦銀行、台灣工業銀
　　　　　行、國寶人壽、東元電機、凌陽科技(創投)、力麗集團、東
　　　　　捷資訊

◆台灣出版事業群　新北市中和區中山路2段366巷10號10樓
　　　　　　　　　TEL：02-2248-7896
　　　　　　　　　FAX：02-2248-7758

◆倉儲及物流中心　新北市中和區中山路2段366巷10號3樓
　　　　　　　　　TEL：02-8245-8786
　　　　　　　　　FAX：02-8245-8718

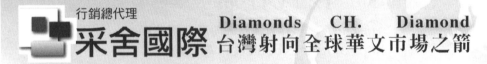

國家圖書館出版品預行編目資料

老闆到底要什麼? 獵頭人資主管首度公開求職者的
錄取祕辛/ 林徐秀清 著. -- 初版. -- 新北市中和區：
創見文化, 2014.05　面；公分 (成功良品；73)
ISBN　978-986-271-505-5 (平裝)

1.就業　2.面試　3.職場成功法

542.77　　　　　　　　　　103007687

WHAT
DO
BOSSES
WANT

老闆
到底要什麼？

獵頭人資主管首度公開求職者的 錄取祕辛

成功良品 73

老闆到底要什麼？
獵頭人資主管首度公開求職者的錄取祕辛

創見文化・智慧的銳眼

本書採減碳印製流程
並使用優質中性紙
（Acid & Alkali Free）
最符環保需求。

作者／林徐秀清
總編輯／歐綾纖
文字編輯／馬加玲
美術設計／吳佩真

郵撥帳號／50017206 采舍國際有限公司（郵撥購買，請另付一成郵資）
台灣出版中心／新北市中和區中山路2段366巷10號10樓
電話／（02）2248-7896　　　　　　　傳真／（02）2248-7758
ISBN／978-986-271-505-5
出版日期／2014年6月

全球華文市場總代理／采舍國際有限公司
地址／新北市中和區中山路2段366巷10號3樓
電話／（02）8245-8786　　　　　　　傳真／（02）8245-8718

全系列書系特約展示
新絲路網路書店
地址／新北市中和區中山路2段366巷10號10樓
電話／（02）8245-9896
網址／www.silkbook.com

創見文化 facebook https://www.facebook.com/successbooks

本書於兩岸之行銷（營銷）活動悉由采舍國際公司圖書行銷部規畫執行。

線上總代理 ■ 全球華文聯合出版平台 www.book4u.com.tw
主題討論區 ■ http://www.silkbook.com/bookclub　　　● 新絲路讀書會
紙本書平台 ■ http://www.silkbook.com　　　　　　　● 新絲路網路書店
電子書平台 ■ http://www.book4u.com.tw　　　　　　● 華文電子書中心

華文自資出版平台
www.book4u.com.tw
elsa@mail.book4u.com.tw
ying0952@mail.book4u.com.tw
全球最大的華文自費出版集團
專業客製化自助出版・發行通路全國最強！